初中班主任管理与班级建设

马瑞菊　徐小红◎著

吉林出版集团股份有限公司

全国百佳图书出版单位

图书在版编目（CIP）数据

初中班主任管理与班级建设 / 马瑞菊 , 徐小红著 . --
长春 : 吉林出版集团股份有限公司 , 2024.3
ISBN 978-7-5731-3910-8

Ⅰ . ①初… Ⅱ . ①马… ②徐… Ⅲ . ①初中 – 班主任
工作②初中 – 班级 – 学校管理 Ⅳ . ① G635.16
② G632.421

中国国家版本馆 CIP 数据核字（2023）第 126466 号

初中班主任管理与班级建设

CHUZHONG BANZHUREN GUANLI YU BANJI JIANSHE

著　者	马瑞菊　徐小红	
责任编辑	关锡汉	
封面设计	李　伟	
开　本	710mm×1000mm	1/16
字　数	209 千	
印　张	11.75	
版　次	2024 年 3 月第 1 版	
印　次	2024 年 3 月第 1 次印刷	
印　刷	天津和萱印刷有限公司	

出　版	吉林出版集团股份有限公司
发　行	吉林出版集团股份有限公司
地　址	吉林省长春市福祉大路 5788 号
邮　编	130000
电　话	0431-81629968
邮　箱	11915286@qq.com
书　号	ISBN 978-7-5731-3910-8
定　价	71.00 元

作者简介

马瑞菊，山东海阳人，本科学历；山东省优秀班主任工作室主持人；烟台市首届班主任基本功大赛一等奖获得者；烟台优秀班主任；烟台名班主任；烟台教学工作先进个人；烟台教书育人楷模；烟台名师人选；山东特级教师工作坊群组成员；全国最美家庭成员。研究方向是班级建设和班主任工作策略，在《新课程》等发表论文多篇，主持和参与国家、省市级多项课题研究。

徐小红，山东省烟台市海阳市人，本科学历，中共党员，副高级教师；现任海阳市育才中学数学教师，多年从事班主任工作；为第七批烟台市教学能手，第四批烟台名师培养人选，第五批齐鲁名师人选，海阳市教师培训专家库成员；多次荣获烟台市教育教学工作先进个人，多次执讲省市级优质课。主要研究方向为数学教学和班级管理工作；主持或参与多项烟台市级课题，两次获得烟台市社会科学优秀成果奖，在《教育》等刊物上发表多篇论文。

前　言

有人说，学校可以没有校长，但是不能没有班主任，这句话虽属夸张，但是也有一定的道理，说明班主任的工作不可缺少；也有人说，能做一位称职的班主任，就能做总统，这话听来近乎妄语，细想也有实在之处，班主任管理好一个班级，就是管理好一个小社会。

班级管理是教师教育课程标准规定的基本课程模块，掌握班集体建设与班级管理的策略是教育部颁布的教师专业标准的重要内容和基本要求，班主任工作的艺术和能力已经被视为中小学教师最基本的专业素养之一。传统班主任的管理方式已经不能适应当前教育发展的需要，班主任的专业化既是近些年来对班主任工作的要求，也是教师专业标准和培养未来卓越教师的重要内容。

班主任工作是一门学问，又是一种艺术。面对新的教育环境和不断变化的教育对象，积极探索新形势下班级管理工作的新思路、新方法，达到相互了解、相互交流、相互学习、共同提高的目的。

本书共五章，以初中的班级管理为基底，分析了初中班主任的班级管理与班级建设。第一章为初中班主任工作概述，分别从初中班主任的角色定位、初中班主任的教育对象、初中班主任的素质要求三个方面进行了介绍。第二章为初中班主任工作内容，分别从关注学生的心理健康、学习状况、人际交往三个方面进行了介绍。第三章为初中班主任日常管理，分别从初中班主任日常管理的方法技巧、工作理论策略支撑、组织协调进行了阐述。第四章为初中班级建设，分别从初中班级建设概述和初中班级的精神文明建设、物质文明建设、制度文明建设四个方面进行了分析。第五章为家校合作的建设，分别从家庭教育概述、班主任与家长会和家长委员会以及班主任在家校合作中的工作内容三个方面进行了分析。

在撰写本书过程中，作者参考了大量学术文献，得到了许多专家学者的帮助和指导，得到了当地教师工作科的鼎力支持，也得到了马瑞菊山东省优秀班主任工作室全体成员：徐爱琴、袁忠萍、刘振宇、尉旭志、杨清华、赵伟英、迟建福、周伟丽的大力支持，在此表示真诚的感谢。本书也是工作室团队取得的阶段性成果，是今后工作室努力修缮以日趋完善的方向所在，以期马瑞菊山东省优秀班主任工作室及本书能在烟台市乃至山东省初中班主任管理和班级建设方面起到该有的示范引领、辐射带动作用。由于作者水平有限，书中难免会有疏漏之处，希望广大同行与读者及时指正。

作者

2023 年 2 月

目　录

第一章 初中班主任工作概述

本章为初中班主任工作概述，分别从初中班主任的角色定位、教育对象、素质要求三个方面进行介绍。

第一节 初中班主任的角色定位

一、做好工作从认清职责开始

学校做好教育教学活动工作，应以班级为基本单位。班主任在班级教学管理中承担着组织和指导的角色，为贯彻落实党的教育方针、推进实施学校教育教学计划，班主任应该与学校、家庭、社会建立稳定的合作关系，面向全体学生深入推进全面素质教育，这样才能逐步实现学生全面发展的育人计划。具体来看，初中班主任应贯彻实施好如下几点职责：

第一，以学校工作计划和班级实际情况为制定依据，按照班级教学管理工作有计划开展组织和指导工作。

第二，了解班级学生身心发展情况，尊重班级学生人格心理，在开展正面教育的前提下，深入研究学生个性和共性，鼓励后进学生养成正确的学习态度。

第三，根据《中小学生日常行为规范》，合理制定思想道德和行为规范教育方案，促使学生养成文明的生活习惯。

第四，注重培养学生自我管理意识，增强学生维护班级集体荣誉感心理，让每位学生都能为班级建设作出贡献。

第五，定期组织开展班会，鼓励学生在班会上积极踊跃发言，班主任也要做好班会记录。

第六，以培养学生积极的学习心理和养成良好的学习习惯为目标，要求学生在课前做好预习、课中做好听讲思考、课后做好复习巩固提升工作。

第七，班主任应与各科教师积极做好沟通交流，了解每位学生学科学习进度情况，为后续组织开展课外活动提前做准备。

第八，初中班主任需要保证学生拥有健康的身体状况，为学生普及健康教育理念，要求学生以健康的生活方式处理各种生活事项，不断强化健康心理素质意识。

第九，做好班级环境卫生建设管理工作，要求学生定期打扫班级卫生，为学生学习提供良好的卫生环境。

第十，召开民主班级会议，鼓励每位学生积极踊跃发言，为制定班级管理规定提供建设性意见或建议，并要求学生严格执行其中内容。

除上述十条职责外，初中班主任还应该注意记录保管好学生学籍资料，根据学生日常行为表现和学习成绩进行考核评定，严格做好有关奖惩和评定等工作；另外，与学生家长保持沟通交流，向学生家长提供合理的管理建议，共同做好教育工作；还要定期指导开展法制安全教育活动，围绕该活动组织举办各类竞赛评定工作，激发学生参与兴趣，培养学生的法制安全意识。

可见，班主任的工作很烦琐，需要细致、耐心地去做，只要记住"功夫不负有心人"的道理，你的班主任工作一定会得到大家的认可。

在了解了班主任的职责之后，新班主任还必须熟悉四样事务。

（一）熟悉学校的规章制度

俗话说"无规矩不成方圆"，每间学校的班级管理都有一定的规章制度，例如，学校对"优秀班集体"的要求，文明达标班评比规则等。要做好一个班的引领者，一定要熟悉这些规章制度，才能使自己的工作顺利开展。

（二）熟悉年级的管理风格

班主任对自己所在年级的管理要求一定要提前了解，有些年级偏重民主，有些年级要求非常严格细致。

（三）熟悉共同"战斗"的科任教师

科任教师是班级的"宝"，班主任与科任教师是同事，更是在教育战线上奋战的亲密"战友"。在接到当班主任的通知后，应尽快了解本班的科任教师是谁，提前跟科任教师沟通，了解科任教师心目中对班级的要求。

（四）熟悉学生的构成及特点

通过学籍表尽快熟悉学生的构成，了解学生的小学学习概况、年龄、性别、特长、家庭基本情况等，"知己知彼"，才能在第一次与学生见面的时候自信闪亮地登场。

二、避开"雷区"，走上"捷径"

初任班主任，如果提前知道一些"雷区"，并加强注意，在工作上会少走很多弯路。那么，如何避开"雷区"，走上"捷径"呢?

（1）认真学习《义务教育法》《中共中央国务院关于进一步加强和改进未成年人思想道德建设的若干意见》等法律法规，注重个人师德师风的培养。

（2）处理好与科任教师之间的关系。班主任要多与本班科任教师沟通，了解每位科任教师对学生的要求与期望，协调好与科任教师之间的关系。

（3）处理好家长与班主任的关系。家长是成人，与班主任教师的关系应是平等的，教师不能用说教、教育的语气与家长说话，要让家长明白班主任教师的出发点是和家长一样的，都是为了孩子的成长。用商量的方式与家长建立盟友关系，有利于形成家校合作的合力。

（4）记住"欲速则不达"，处理学生的问题，特别是突发事件时要冷静、认真地听取事情的详细经过，细致分析后再作出判断。

（5）处理好与学生的关系，不要用"威严"来"秒杀"学生，建立"亦师亦友"的关系有利于班主任工作的顺利进行。

（6）向教育家、名班主任学习。阅读书籍是成长的捷径之一，苏霍姆林斯基、陶行知等教育家的书是提升自己教育境界与教育理论的最佳选择，而阅读李镇西、张万祥、万玮等名班主任的书籍，可以使自己的班主任工作技巧尽快地提升。

（7）向身边的人学习。多问、多听、多看、多用心，周围很多有经验的教师都是我们成长的领路人之一。

（8）勤奋天不负。在向他人学习的同时，自己亲身实践是很关键的，在工作中要勤快地"到位"，在每个教育契机后更勤快地"反思"，绝对是成长的捷径。

三、新班主任的压力源

网上常出现教师自嘲的句子，有一段话特别精辟：教师可以当警察，因为整天在班里破案；教师可以当主持人，因为整天为公开课想游戏和花招；教师可以当演员，因为一会儿态度和蔼一会儿暴跳如雷；教师可以当清洁工，因为整天扫地、擦玻璃；教师可以搞工艺美术，因为整天写黑板、布置教室；教师可以当作家，因为整天写计划和论文；教师还可以到市场上叫卖东西，因为练出了高音和厚脸皮。

班主任则是以上所有角色的集合体。对于新班主任而言，压力来自两个方面：角色转换带来的不适应和现实工作的困难。

角色转换的不适应主要体现在刚毕业的新教师身上，从学生转化成班主任教师，从一个集体的参与者转化成一个集体的策划领导者，难免需要一个自我调整的过程。在这时候，新手班主任应该对班级有所设想，特别是在个人的带班理念和班主任风格方面。

在实际工作中，新班主任可能会在校内外各种评比、人际关系、班主任工作与教学工作冲突、班务工作和个人素质等几个方面遇到困难。其中对人际关系的治理包含：师生关系、家校关系、同事关系等，这对于新手班主任而言，无疑也是巨大的挑战。另外，在个人素质方面，除了个人性格的不同（如多疑、自卑、自信、外向、乐观等）会造成工作效果差异以外，班主任心理调控能力的高低也是很重要的因素。

四、正确看待各种评比

良好的心态是工作顺利的关键。班主任要有进取心，要善于带领班级进行一系列的创先争优活动。但评比是为了促进学生努力进取，班主任要学会将评比结果看淡，重视创先争优的过程及其带来的体验，用平和坦然的心态去对待各种评比评价结果。一位正能量充足的班主任才能带出充满正能量的班级。

班主任面临的评比有两种：业务评比和班级评比。在业务评比中，你可能面临的是学校的年度考核、优秀班主任的评选以及学生对班主任的评价等，当然这类评比带有主观性和学校安排的战略性。由于经验的局限，新手班主任不一定能够在这些评比中取得好的评价，也有可能碰到一些学生和家长因为个人感情因素对班主任进行不公正的评价。遇到这种情况，作为班主任首先要冷静，因为这些并不代表真实情况。同时，透过这些评价，班主任自己也可以进行理智的反思，看看哪些方面可以做得更好，尤其是那些评价结果明显偏低的方面。也可以问问年级长或主管的主任，看看自己哪些方面还有待改进，可以在他们的指引中找到方向。

班级之间存在竞争，如每个月或每个学期的优秀班级评比、各种活动中的评优评先活动，此时的你就犹如学生一般，自然希望有好的成绩。但新手班主任仍要注意，此时竞争的主体是你的学生以及他们组成的班集体，所以在评比的过程中应将自己定位成激励者、引导者。通过学校的各种评比，你可以发现班主任工作的几大常规：考勤、卫生、纪律、仪容仪表等。新班主任往往会非常认真地对待这些评比，每个项目都亲力亲为。这样的确有效果，但时间长了会很累，一旦放松管理，学生很容易出乱子。作为智慧型的班主任，力量应该用在刀刃上，尽量做到有的放矢。你可以在刚开始的时候每天带着学生，培养出各大评比项目的负责人，当一两个月后负责人熟悉管理了，你就可以抽身出来，定期向负责人了解情况即可。另外，防微杜渐在带班之初尤其重要，出现不好的苗头要及时去除，否则容易扩散影响。

学校进行各种评比的目的是让班级变得更优秀，它的出发点是赏识优秀、激励群体，不要因为追求荣誉而忽略学生的感受，所以班主任首先要调整好心态，不要把评比看成负担或多余的事情，也不要过于功利化，为追求荣誉而钻空子。对于新手班主任，各种评比显示出来的问题恰好能反映自己工作中的漏洞。对于学生而言，他们更注重的是教师对待评比及对待他们的态度。

要保持健康向上的班风，做好各项常规工作。新手班主任要调整好心态，把各种评比看作对班主任工作的及时提醒。

五、团队合作为个人减压

德育工作的开展是个团队合作的过程，班主任的工作也需要团队合作。新手班主任可以在工作彷徨的时候寻求团队的帮忙。

学校的德育主任、年级长、其他班主任都是你的团队伙伴，在遇到班主任工作问题的时候，不妨多请教他们，有经验的班主任和领导一定会给予你更多启发。

班级的其他科任教师也是你的合作伙伴，对于你的班级管理和班级情况，科任教师是最客观的了解渠道，当你遇到困惑的时候，他们往往能给予你最实在的建议。你也可以邀请科任教师参与班级活动，例如集体生日会、教师节庆祝等，让科任教师成为你强大的后盾。

学生作为教育的主体，自然也是你的团队伙伴。对于学生而言，亦师亦友的关系是他们最喜欢的。在日常的生活中，你不妨放下教师的身份，融入他们的活动和生活，这样平等的相处和真诚的沟通，自然会产生良好的师生关系。在你需要帮助与理解的时候，学生自然会给予你支持。比如面对大型活动的参与、班会的策划组织等工作时，学生绝对可以为你分担压力。

六、防止职业倦怠的方法

中学班主任工作繁杂，很多班主任在任教两三年后容易出现倦怠感，职业倦怠是指在工作重压下产生的身心疲劳与耗竭的状态。

面临工作压力，班主任首先要考虑几个问题：你能不能把教师作为终生的事业而非职业？你能不能用宽容的态度对待学生成长出现的问题？你能不能以积极的心态面对班主任工作上的困难？

下面提供一些防止职业倦怠和班主任自我调适的建议：

（1）把教育当成自己全心经营的事业，而非职业。如果仅仅将教师这一行业当成糊口的谋生手段，你是不会有归属感的，有人说过，只有经历过班主任工作的人，才能真正称得上是教师。

（2）把自己摆在求学者的位置，用发展的眼光看待问题。学生问题日新月异，班主任也要在工作中提升学习能力。

（3）增强能力，淡泊名利。德育教育是班主任的首要任务，所以在班主任工作中要不断增强个人业务素质，但不要把评比、奖项看得太重，这样往往会将工作重心本末倒置。

（4）学会在批评声中反思，冷静对待各种质疑。你应该重视能够在工作中直接指出你不足的人，他们往往能给予你中肯的建议。

（5）用理解转化误解。班主任在工作中难免与学生或其他科任教师产生误会，尝试着多理解他人，事情就不会有那么困难。

（6）主动与他人沟通。环境可以是适当的、宽松的，对象可以是同事或学生，你总会从别人的言语中找到灵感，多收获一种思想。

（7）定期出行，换个环境去回顾工作。很多班主任在送走一届学生后会出游放松，其实这也是一个消除倦怠感的好方法，陌生的环境不仅有利于身心放松，还能使人更客观地评价自己过去的工作。

教师的主要工作及工作重点是"教学"，虽然当班主任需要耗费很多精力，但是不能因此将专业上的东西丢下。班主任要计划好每天的时间，把提高自己的教学水平作为重点。教学能力强的教师才会受到学生的尊敬。

第二节　初中班主任的教育对象

当你刚刚成为一名初中教师，当你初次承担起一个初中班级的班主任工作；抑或你是一名"老"教师，但你作为一名班主任又一次面对一个新的班级；或者你现在正做着一个初中班级的班主任……你是如何来看待这一工作的呢？也许你认为它是在当前社会分工的条件下，许许多多作为谋生手段的工作岗位中的一个。如果你这样认为，你就忽略了班主任这一工作最为"诱人"之处。班主任工作之所以值得你去做，是因为你的工作对象是"人"，并且是一个特殊发展阶段中的人。这一群人无论作为"自然"生命体的存在，还是作为"有意识"的"社会"的生命体的存在，都处在"新生"之中。数年之后，他们长大成人，拥有自己所追求的精神生活。这是人生最富于变化又最绚烂的时期，还有什么比这样以一种"人生"为工作对象的工作更为迷人的吗？

正是因为这一工作是富于魅力的，所以做一个初中班主任才会使你感到"值"。当然你要有所成就，你首先必须走进这一特殊人群的"生活世界"。

一、探索"发育"之谜

（一）关于学生相貌体形的引导

如果你是一位初中班主任，你已经把一个班级从初一带到了初三毕业，在你即将和你相处了三年的学生分别的时候，你会突然发现你面对的学生体形相貌上的巨大变化：他们中间的许多人，刚入学时还是"小萝卜头"，而现在已经长得和你一样高，甚至比你还要高。学生的这样一种变化，我们可以感觉到，但是，学生对自己身体上的这种巨大变化，是如何作出反应的，这种巨大的变化对于他们的发展究竟又产生了怎样的影响，这就并非做班主任者在自己的经验上可以真正把握的。

有一位年轻的初中班主任，向他的同事们讲述了这样一件发生在他班级里的事情。

在他的班上，一段时间以来有一个十分不起眼的男同学，引起了他的注意。这个男同学的身高属中等，体形瘦削，单眼皮，略微浅淡弯弯的眉毛，白皙的瓜子脸衬着，生得也算清秀。这位同学的学习成绩虽然不是十分突出，但学习态度一向认真，上课很专心，学业成绩比较稳定。然而，近一段时间以来，似乎有什么事让他分心了。这位班主任发现，这个学生上课时总会盯着他的铅笔盒发愣。教师曾提醒他，但没有产生显著效果。究竟是什么原因呢？这位班主任经过一番观察，终于发现了其中的秘密：原来这位同学把他的铅笔盒盖里面镀镍的一面当作镜子来用了，他在照镜子。这一发现使得这位年轻的班主任十分生气，同时也使他感到事情"荒唐"。生气的是，这个本来学习还不错的学生，竟然学习不认真了，而感到荒唐的是，一个男孩也像女孩那样喜欢照镜子。这位班主任把这位男同学当众狠狠训斥了一顿，还说这个男孩"简直没有一点男子气"。

像这样一件事究竟应当怎样来看待呢？如果我们能够认识到，这是青春发育期的中学生由于身体的急剧变化而导致的"对于自我躯体的关注"，我们就不会感到奇怪了。

我国的初中生年龄大体上在 12～15 岁之间，处在青春发育期，也有人叫作"发身期"，或"生长突发期"。这一时期，不仅是人的青春开始的标志，而且在这一段时间里，人的身高体重迅速增长。

当然这一"发身期"，男孩与女孩开始与经历的时间不一致。关于男孩与女孩发身期的开始时间，研究者们得出的看法也不完全一致。一般认为，女孩发身期的开始可在八九岁，男孩可在十一二岁。大体上女孩的生长突发期在 10.5～13 岁期间，男孩的生长突发期在 12.5～15 岁期间。女孩身高增长最快的时期是在 12

岁，男孩增长最快的时期是在 14 岁左右。

人在青春发育期前，身高增长速度为每年 3～5 厘米，而在青春发育期，每年身高增长速度少则 6～8 厘米，多则 10～11 厘米。研究发现，女孩在 14 岁，男孩在 16 岁时，其身高 98% 已达到了成人身高。当然青春期的突发生长，并不仅仅是身高的变化，还有人的四肢、肌肉、皮下脂肪、骨骼结构、毛发、内部脏器、脉搏及基础代谢率（处于休息状态的身体耗氧的速度）等都在发生着变化。

初中生经历着人生的这一"发身期"，不是一个简单地遵循着生物学规律的发展过程，也就是说初中生们对于自己身体上所发生的这些变化，并不是无知无觉的。如果是这样的话，初中生也就不会有他们自己的奇妙人生。他们密切地关注自己身体的急剧变化，他们希望认识自己的身体，评价自己的身体，并进而构造出自己的形象，即自我形象。这种认识依赖于一定的知识，也依赖于一定的评价标准，即价值观。这知识与价值标准，是初中生们从一定的社会文化背景中获得的。

人们的经验与研究发现都表明，处于青春期的学生，对于自己的体形与相貌是很关注的。研究者指出，人在很小的时候，就注意肉体的自我。在出生后 6 个月左右就开始对自己的镜中像感兴趣了，然而以充分发展了的意识来面对自己的身体，是从青春期开始的。事实上，大多数进入青春期的人，无论是出于自我喜爱，还是自我厌恶，都曾不厌其烦地在镜子前面耗去大量时光。本节开头所叙述的令那位年轻班主任感到不可思议的事情，其实正是这个年龄阶段的初中生必然会发生的事。不过青年初期的学生自我关注的特点，因其性别、关注的方式与参照的评价标准不同而有所不同。

女孩子也许特别关注的是，有一个合适的身材、漂亮的脸等。而男孩子同样也会需要一个人们认为美的脸。不过由于社会文化的原因，也许男孩更希望自己有一个高大而强健的体形。

初中生关注自己的身体变化，虽然根源似乎在于身体生长迅速这样一个简单的事实，但是真正深刻的原因还是社会文化。什么样的相貌体形对于一个男孩或一个女孩来说是美的，这固然是有自然的生理基础的，但是美最终还是取决于社会文化。人是以胖为美，还是以瘦为美？是以高大为美，还是以娇小为美？这取决于社会文化所提供的价值评价标准。

正处在"发身期"的初中生，并不仅仅关心自己身体发生的变化，也在构想着自己所期望长成的相貌与体形，是他们理想中的自我形象的重要组成。一个人实际的躯体形象如何，这个人所认为的自己的躯体形象如何，尤其是后者，对于一个人的发展影响是极大的。一个对自己的形体相貌有信心的人，也就是说一个认为自己的形体相貌的生长变化符合自己要求的人，往往在自己生活的各个方面中，都显得很有信心。而一个认为自己相貌平平，尤其是对于自己相貌缺乏信心的人，在个人生活的各个方面，也会显得缺乏信心。这也就是为什么一些生理上有残疾的学生，如果他们不能正确对待，那么他们就会在自己生活的各个方面，缺乏信心。心理学者指出，青年爱美心切，都希望其身高体重有适度的发展。过高或过矮，过胖或过瘦，都会自惭形秽，甚至可能发生反社会的行为。

国外有这样一个案例：有一个13岁的男孩，体重竟达230磅（大约104公斤），由于自卑感的作祟，用枪打死了他的母亲，继而又举枪自杀。进入青春初期的青少年，每一个人"发身期"开始与发展的过程，并不是同步的。其差异之大，可能有五六年的时间。但是，这一身体的变化，是可以观察到的。因此，即便一个人尚未进入"发育期"，也会通过观察他人的变化感知自己可能的身体变化。

如果我们的教师，尤其是班主任，不能够正确地认识处于"发身期"的初中生对于自己相貌形体关注的现象，实际上我们也就丧失了根据学生的身体发展客观规律进行教育的机会。如果我们像那位年轻的初中班主任那样，误解了学生的这种自我关注，并采用不适当的教育方法，其害处可能比我们忽略这种发展还要大。认识初中生的身体急剧变化的重要意义，就在于初中生精神世界的发展，是与其身体的发展变化密切联系在一起的。初中生对自己形体相貌的认识，可以在其一生的发展中产生深刻的影响。

（二）成长的"秘密"

班主任作为一个成人，不应当忘记自己成年的经过。当然由于生活阅历的不断丰富，生活中面临着新的挑战，当年在走向成年时的兴奋，即使还留存于记忆中，怎么也不能与当年实实在在冲击着自己时的感觉相比。但是，作为初中生的人生发展导师，班主任必须能够通过自己当年的感觉，深刻地认识到从童年时代逐步走向成年的巨变，对一个人来说意味着由遗传基因决定着的身体上的成年的标志：腋毛、胡须、凸显的乳房等。无论给青年初期的人们带来的是惊异与喜悦，还是困惑与烦恼，我们必须知道，对于初中生来说，成年的过程作为他们自己密切关注着的事情，是他们的"大秘密"。这一秘密并不仅仅是他们个人的，也是他们共同的。对于这个"大秘密"他们既做个人的探索，也做集体的探索。

有一个初中三年级班主任曾发现初中生的这个"大秘密"的"秘密"。那时夏天已经来临，这个班主任在课间休息时走进他的班级，发现几个男同学正围在一起，窃笑着。他走过去，探头一看，中间的一个穿 T 恤的男同学，扬起他的手臂，露出他的腋窝，旁边的同学笑着说："长出来了，长出来了！"就在这时，同学们发现教师来了，哄笑着散开了。那个露出腋窝给同学们看的学生没有走，他不好意思地红着脸。这位班主任笑了笑，爱抚地摸了摸他的头，说："长大了，是吗？"那个同学也笑了笑，但精神放松了。班主任说："走，出去活动活动吧。"他们一起走出了教室，一面走，一面谈起了学生的"大秘密"。"发身期"的到来，不仅是身高体重的迅速增加，同时还有性器官的发育成熟。性成熟在人走向成年中，具有更为重要的意义。只有迈出了这一步，人才有可能过一种新的生活。性发育是与人身体内的激素密切相关的。研究认为，男性激素睾酮在卵受精后 7～8 周就开始分泌，而雌性激素黄体酮比雄激素晚 2 周开始分泌，由此引起性器官、身体和大脑发育的二态性差异。①在发身期，即人生发展的第二大阶段，再次由内分泌腺及其所分泌的激素起作用，使人的性器官趋于成熟，从而标志一个人在生理上走向成年。人的性器官的发育成熟，现在已知是由人的下丘脑控制的。下丘脑是人的大脑的一部分。下丘脑分泌的激素控制着脑垂体。据说它倒挂在我们脑子的底部，约 4 克重，只比豌豆稍大。②脑垂体的激素又调节男性睾丸和女性卵巢的活动。最后，睾丸和卵巢产生的"性激素"引发种种性征的发生与变化。

人们通常把与人的生殖机能相关的器官，如精巢、卵巢等生殖腺及生殖系统的性别差异叫作第一性征；将除此以外的性别差异，尤其是由性激素的差异引起的间接男女差异，叫作第二性征。所谓第二性征，指的是男女各自特有的身体的生理变化，如性器官的发育、遗精和月经现象、变声、男性体态和女性体态的形成等。

在人的成年过程中，第二性征不仅是人迈向成熟的重要标志，而且这种变化一直处在成长中的人的关注之下，因此第二性征的发生，对于成长中的初中生来说，有着深刻的影响。本节前面叙述的一群男孩子讨论腋毛的事情，就是"发身期"中的男孩子在第二性征发生时所引起的内心骚动。

人在走向成年期时性发育的征象，正是以第二性征为突出标志的。这种征象是与身高的突长同时发生的。不过这种重要的变化，虽然与人的发育大体上一致，但是各个个体的发育情况还是有很大差别的：早的可能在八九岁，迟的可能在十三四岁，甚至更迟一些。但在初中阶段，大多数人都在经历这一重要的转变时期。

关于性发育对初中生人生发展的影响，以往的教育者不大愿意讨论这个问题。一些人似乎从消极方面的考虑多了一些。也就是说，人的性发育成熟对于人的发展的积极意义，某些教育者的认识还不够全面。对于性发育成熟对青少年发展的影响，正确的态度是既要看到它的积极影响，也要看到可能的消极影响。

人的性发育成熟，是人生从童年过渡到成年的必经阶段，是一种崭新生活的准备阶段。这种生理上的变化，虽然会引起青少年在情绪上产生不稳定的，甚至可以说是"骚动"的状况，但是表现为身体体形、说话声调、走路姿势及神情的变化，实际上是青春朝气的显现，在个体内部则拥有了一个更为多彩的世界。一些人的认识还局限于性成熟只是导致青少年对原始情欲有兴趣，导致产生所谓令班主任们头痛的"早恋"现象。这等于说孩子的成年是"错误"的，似乎孩子长大是一种"罪恶"。然而人的生活丰富性，不是以否定人的自然发展为前提的，它恰恰是以人的自然发展为基础的。没有性成熟，人就永远不会成年，也就永远不能享受最为丰富多彩的人生。性成熟是初中生走向成年阶段中的必要条件，性成熟对于初中生的发展不仅不是消极的，而且具有相当积极的意义。

由于性的发育，人开始在一种自然欲望的驱使下，学习与异性交往，发展另外一种"爱"的感情，从而使人的情感更加丰富。问题不在于情窦初开的少男少女们对异性的追求，而在于有了这种追求的欲望，他们才会拥有另外一种人类最为重要的感情。如果教育者能够在此时帮助他们正确地认知，那么他们就能够得到顺利的发展，这是他们在成年以后幸福生活的重要基础。一些人在婚恋上所遭受的挫折与痛苦，恰恰就是因为他们在这一阶段没有进行正确的学习认知。

性发育不仅对于人的情感发展有着重要的影响，而且对于责任感的形成也有着重要的影响。只有一个在生理上成年的人，才会真正产生成人的责任感。因此，性的成熟发育，能够在人的内心促使成人的责任感的形成。

性发育也是人的性别社会化的基本条件。第二性征的出现以及人们对此的认识，可以帮助青少年形成关于自己性别角色的正确的认识。

在这个年龄阶段的青少年，必然地要随着自己性的发育与成熟，不断地探索自身的变化。在这种"成年"的好奇中，探索成年的"秘密"。对于人来说，不在于认识到随着身体的成年逐渐地获得成年人所拥有的生儿育女的能力，而在于获得关于成年人这样一种社会角色的全部知识。如果教育者能够在这个时期有效地介入他们的发展，那么他们在学校生活的自主性，乃至于在社会生活中的自主性，就可以得到极大的增强。

当然性发育作为一种自然力的作用，如果没有人的意识的支配，也就是说它的发展不是在社会意识中发展，那么它会作为一种盲目的力量，也可能会阻碍人的发展。这就是说，人的性发育成熟虽然和人的成长发展是统一的，但又存在着矛盾。

既然"性"是一种自然的欲望与冲动，那么就会有实现它的需求。这种要求与"青春期"的社会规范要求相对立。"青春期"不仅仅是一个生物学意义上的概念，而且是一个社会学意义上的概念。在生物学意义上的成年，人或迟或早在若干年里就会实现，但是社会学意义上的成年则是一个相对漫长的过程。这段时间往往要持续到高中毕业以后的若干年。这样性的自然发育成熟，与性作为一种社会属性的学习完成，就处在一种不同步的状态。这就是人们所说的性生理与性心理的冲突。在这种冲突中，需要教育者对之加以协调，而这种协调还是要以对性生理的认识作为前提。

无论怎样，初中生对成年"秘密"的探索，既是他们发展过程中必然要经历的，也是他们成长发展的必要过程。作为初中班主任，必须了解他们的成长"秘密"，才能真正了解他们的成长。这种了解不是作为一个"密探"的浅层了解，而是"理解"的深刻认知。

二、诞生中的"新人"

初中生不仅经历着人生生理上的重大转变，在身体相貌上焕然一新，而且经历着心理上的重大转变，获得一个内部与外部相结合的"全新"的世界。这两者当然是不可分开的，是互为因果、相互促进的。但是对于人来说，获得一种新生活，更重要的转变还是心理的，因为只有当生活是人自己把握的时候，这种生活对于人来说，才富有意义。在这个阶段，人在自己的内部意识到了一个新的世界，同时在观察世界时，也有了新的研究眼光，因而观察到了一个新的世界。因此，这是一个"新人"的诞生阶段。作为一个初中班主任应当了解认识正在诞生中的"新人"。这种"新人"的诞生，是指一个人在其人生发展过程中所获得的生命的"新义"。在心理学上，有人称为"第二次心理发现"（第一次心理发现大约在3岁），有人称为"心理断乳"，有人称为"自我发现"。这些词语都有一个共同的含义，即人生的新开始。

（一）请听我们的声音

星期五下午有一节体育课，我们在上课前5分钟，就排着整齐的队伍到了操场上。但是体育教师没有来。体育委员到体育室去询问，才知道体育教师有事，这堂体育课不能上了。我们几个班委经过商量，决定向体育室教师借一些排球来，我们自己进行排球活动。我们的想法得到体育室教师的支持，教师把排球借给了我们，我们就在操场上分组开始了排球比赛。正当我们的排球赛要开始的时候，我们的班主任教师走来了。他发现这堂体育课没有教师在上，就问我们怎么没有教师在上课。我们说："体育教师有事，没有来。"没等我们做进一步解释，班主任教师就要求我们统统回教室去上自习课，复习第二天要考的语文。我们不能理解的是为什么不让我们上体育课。

体育课是学校里规定的课程。体育能使我们锻炼身体，增强体质。教师要求我们要做德、智、体全面发展的"三好"学生，如果体育课都可以不上，我们还怎么能做到"德、智、体"全面发展呢？

——录自初二年级一个班级的板报

我们知道学生在教室里出的板报，往往一两个星期以后就更新了。这篇板报上的文字，班主任在看到以后，把它抄录了下来。他认为这篇板报对他的教育意义太大了。他说正是这篇板报才使他真正认识了自己的学生，从而也认识到应当怎样来担任初中班级的班主任。

这篇板报上的文章，喊出了这样一个声音："请听我们的声音！"这反映了初中生在思维发展中所发生的变化。

他们有了自己的独立推理能力，他们能够根据成人给予的一般前提来进行推论，从而"以子之矛，攻子之盾"。当然他们也可以自己提出假设，并进行论证和推理。这标志他们的独立思考能力正在形成，这也是"新人"成长的标志之一。

根据心理学家对于人的认知或思维能力发展的研究，初中阶段人的思维能力发展开始进入一个崭新阶段。人的认知或思维能力，之所以能够进入这样一个新的阶段，是有着生物学基础的。根据对人脑重量的发展研究，人脑平均重量的发展趋势是：新生儿 390 克，八九个月的乳儿为 660 克，两三岁的婴儿为 990～1011 克，六七岁的幼儿为 1280 克，九岁的小学儿童为 1300 克，十二岁的少年可达 1400 克。而成人的脑平均重量为 1400 克。[①]

这就是说在人进入初中阶段时，也就是进入青春发育前期时，脑重已经与成人差不多了。这就表明初中阶段，学生思维能力的发展已经有了达到成人水平的物质基础。研究表明，初中阶段的学生，不仅在脑重方面已经达到了成人的水平，而且在思维能力方面，也已经开始进入到成人阶段。只是在其后的发展过程中，思维能力仍然有程度高下的差异。

按照瑞士著名心理学家皮亚杰的认知能力发展的观点，人的思维能力的提高是一个分阶段的渐进过程。他把人的思维能力的发展过程分为四个阶段：感觉运动阶段，0～2 岁；前运算阶段，2～7 岁；具体运算阶段，7～11 岁；形式运算阶段，12 岁以上。

在感觉运动阶段，婴儿只能够根据视觉、触觉、味觉、嗅觉和听觉来认知周围的事物。就是说，这时候的学习靠的是最简单的运动、感觉和知觉。

在前运算阶段，幼儿获得事物的表象，并能够以语言符号来表征事物，因而能够超越眼前经验的限制，设想过去、现在和未来的事物。但是这时他们的思维受到眼前知觉的限制，他们往往只能凭直觉进行思维，而不能够进行"逻辑转换"。

在具体运算时期，儿童开始能够运用基本逻辑思维，对物体的大小、体积、数量和重量进行推理。以一个术语来概括，就是儿童学得了"守恒"的概念，即所谓一个客体或一个集合的形状或空间排列虽然改变（知觉变化），但其数量不

---

① 王萌，张春艳.教育学 [M].广州：中山大学出版社，2013：50.

变。但是这一阶段的儿童在进行推理或逻辑转换时，必须借助具体材料，还不能进行抽象的假设与推理。

在形式运算阶段，思维者不必借助具体的形象来进行逻辑转换与推理。在这一思维发展阶段上，人可以在自己的头脑中建立假设，进行逻辑推理。这是人的认知发展的最高水平。在皮亚杰看来，人在12岁时，就可进入到人的最高思维水平的阶段，即与成人的思维水平趋于一致。

本节前面引用的学生在板报上所写的"请听我们的声音"，就反映了学生已经达到的抽象思维推理的水平。学生在这篇文章里，提出的教师没有理由不让他们上体育课的观点，是从一个一般的理论前提推论出来的。这个前提就是：在我们的学校里，学生应当做到"德、智、体"全面发展，既然"体"是全面发展的重要组成部分，而这一部分的发展，在学校里又主要是通过体育课来进行的，那么教师就没有理由不让学生在体育课时间开展体育活动。

同样的问题，如果让小学生来回答，思维方式可能就会有所不同。也许他们同样会有在体育课时间开展体育活动的要求，但是如果允许他们提出问题的话，他们的理由可能是：某一班级上体育课，也遇到体育教师不在的情况，他们的班主任就让学生们自由开展体育活动，所以本班的班主任在同样的情况下，也应当让自己班的同学在体育课时间里，自由地开展体育活动。

科学的研究与教育实践中的事实都告诉我们，初中生思维已具备独立性与批判性。当然这是一个渐进的发展过程，从初中一年级到初中三年级，在思维水平上也有所不同。这种差异不仅是不同年级学生间的差异，而且也有个体间的差异。

初中生在形式思维水平上所发展起来的思维的独立性与批判性，从人的一般发展上来看，其积极意义是不言而喻的。但是，我们也必须看到，由于经验与阅历的不足、知识的局限，初中生的思维发展也会带来相应的认识问题，思维的偏执或固执己见的现象也会发生。在小学阶段始终保持的教师对于学生的"权威性"，可能不再存在。也许有学生会说"我不再相信教师了"。作为一个初中班主任，必须了解他们为什么会喊出这样的声音。

（二）"友谊"与"爱"

谈起初中生的"友谊"与"爱"，往往会引起许多误解。似乎学生间的友谊，总有"哥们义气"之嫌；而所谓"少男少女"之间的"爱"，又总会觉得与"早恋"有瓜葛。然而我们说人与动物有别，不仅因为人是有理智的，而是因为人是有情感的。情感的发展，在相当长的时间里是被忽略的。然而近来，人们愈来愈认识到情感因素作为人性的组成部分，对于人的发展的重要意义。情感被确认为人的发展的重要组成部分。它与人的发展的关系，被确认为有以下几个方面：情感作为人的适应生存机制，情感作为人的认识发生的动力机制，情感作为人的行为选择的评价机制，情感作为生命的享用机制。初中生在自己人生"更新"的过程中，情感世界的获得也是重要的方面。

让我们来阅读一篇初中生写给教师看的周记《教师，我好想他》（出于种种原因隐去了周记中人物的真实姓名。

教师，您还记得宋宜吗？前不久我接到了他的来信。这一段时间来，我总被这封信搞得心神不宁。从前他在我心里留下的一举一动、一言一行，总是在我眼前旋绕着。我们以前一起上学，又一起回家。下课了，我们也喜欢在一起，或者聊天，或者嬉戏……我们在一起最多的时间，还是一起踢足球。球场上，只要有我做前锋，他做守门员，我们这一边肯定会赢。

教师，您知道他是随他做生意的父母来此地的，他也因此成为我的邻居，成为我们这个学校的学生，成为我们班上的同学，成为我的好朋友。

教师，我知道您不太喜欢他，就像您不怎么喜欢我一样，因为我们的学习成绩都不怎么好。不过，教师我现在可以告诉您，他在新的学校里，学习有了很大的进步。这次期中考试，他的学习成绩在班上的排名又提前了好几位。他让我告诉您，他以前调皮，没有好好学习，让您生气了，对不起您。

教师，我好想宋宜！

作为一个初中班主任，如果你看到了这样一篇周记，你会有怎样的认识，又作何感想呢？这就需要班主任能够正确地理解初中生的感情世界。这个感情世界，也如同人的生物性的发展以及人的认知能力的发展一样，是一个逐步发展的结果。

人与人之间的依赖性是人的情感发生的重要基础，而情感又是人生发展的重要基础，因为情感是人的发展的基本需要之一。有一系列被称之为"剥夺"或"母爱剥夺"的研究表明，情感需要是人类生存的重要基础。这些研究揭示出：缺乏母爱，会导致人的健康状况的低下，导致智力发展得迟钝，导致情绪上的"孤独忧郁"，甚至导致严重的精神疾患。① 人生之初，在母亲的怀抱中，最早体验到人生之爱这样一种积极的感情。人不仅从母亲那里最早获得爱，同时也学会了爱的给予。因为获得了爱，而产生了对别人的信任，这种信任感，又促进了人们相互之间的联系。而一个没有获得爱的人，就会对他人、对周围的世界，持有一种怀疑的态度。因为周围的冷漠，而学会冷漠。没有爱，没有信任，就不会有任何积极的情感，当然也就不会有积极的人生、积极的发展。

初中生当然会有人所有的情感的需要，上面那篇周记所表现出来的一个初中生的情感，是深刻而感人的，是一种能够对该学生发展起积极作用的情感。

情感发展，当然不是一个孤立的过程，它是与人的生理的、认知的和社会的发展密切联系在一起的。这里我们认为，人的情感的发展，至少可以分成为"青春期"前后两个阶段。

在青春期前，正像此前的儿童，在思维发展上凭借着感觉和知觉，凭借着直觉，凭借着具体的形象的材料，其情感的特征，往往依赖于具体的人物、地点和事物。在青春期前，像上述周记中所表现出来的那种对于从前友情的深深的眷恋，对于不在眼前的昔日好友的深深的思念，是很难产生的，这种感情只有在青春期后才会产生出来。在形式思维阶段，人的情感成为意识的对象，这表明此时的情感已经有了自主性。正如人的生物的自我发展、认知的自我发展一样，情感的自我也发展起来。

青春期开始后，对于同学或同伴友谊的重视，表明情感范围的扩大。同学或同伴间的积极的友谊情感，正像母爱这种情感的基础性一样，对于发展社会内容更为丰富的情感，具有重大的意义。一个人要发展起道德感、集体主义感等，至少他对于自己的同伴是怀有友情的。

在青春期前由于生理原因，儿童们还不可能感受到异性爱的需求，因此，爱的范围还是比较窄的，而且缺乏更为丰富的色彩。前面我们在论述初中生对于成年秘密的探索中，已经谈到与异性交往的需要对于人的情感发展的意义。如果没有异性之爱，人类就不可能发展起另外一种被人类讴歌至今的崇高感情，它被称之为"爱情"。当然这绝非说要我们的中学生去谈情说爱。而是说，青春期的中学生，因为有了对于异性的新感受，其情感的发展，必然要发生变化。在走向成

---

① 李学农，陈震.初中班主任[M].南京：南京师范大学出版社，1997：16.

年的青春期过渡阶段，异性之间将会建立起一种健康的交往方式，在这种交往方式中，包含一种纯洁的感情。这是一个人的情感走向成熟的必要条件。进入青春期的人，正在经历着情感上的更新。但这种更新的过程，并不是情感自然成熟的过程。青春期为人情感的新发展提供了可能，同时也正是在这个时刻，处于这一阶段的人们，情感发展的需要才最为强烈。因此，这是人一生中情感发展的"关键期"。在情感发展的这个关键阶段，需要爱与被爱的条件。接受爱与爱人，这是人的全部感情的基石。正因如此，有人说，爱和被爱的能力似乎是人从生到死所有积极情感的基础。当人赐予或接受爱时，他们似乎处于最佳、最崇高、最明智的境地；爱，不管是什么形态的爱，似乎都能超越时空而提高各个领域的生活水平。爱把人们聚集在一起，但又使他们仍保持自己的个性。

初中生的情感世界，是有意识地需要爱，又有意识地给予爱的阶段。一个懂爱、会爱的人，他既有接受爱的需要，又有给予爱的需要。我们认为，在上面学生的那篇周记里所反映的恰恰就是需要爱，又试图要给予爱的情感追求。正在发展和更新中的初中生的情感世界，需要传统爱之源，如父母的爱、教师的爱，源源不断地供给爱的力量，同时还需要发展起"自爱"与爱同学及爱更广泛的人们的能力。

当然情感并非在任何条件下都是积极的，情感也有消极的。心理学家认为，像诸如愤怒、恐惧和焦虑等这些情感具有消极的作用，被称之为"防御性情感"。这些消极的情感，恰恰就是在缺乏积极的爱的情况下才形成的。

当然，初中生的情感世界不是孤立地发展起来的。它需要生理发展的基础，也需要认知能力发展的基础。如果在一些初中生中间缺乏情感发展应有的特征的话，那么这可能就是影响情感发展的必要条件还没有成熟。

任何一个初中班主任，判断自己班级学生们的情感发展，当然不能以这里的论述作为唯一依据。但是，从人的一般发展过程来看，上述情况或迟或早会出现，这也是教育者在这个特定阶段需要认真对待的。

（三）一个班级，一群"我"

作为一个初中班主任，与一个特定班级的学生生活在一起，这一个班的学生，你用什么样的人称来称谓他们？也许这个问题会使许多人感到奇怪。有人也许会说，对于这些学生该用什么称谓，这是一个很简单的问题。如果班主任直接和学生交谈，用"你"或"你们"。如果把他们作为第三者来谈论，那么就用"他"或"他们"。但是，这里要提出的观点是：作为一个初中班主任必须意识到，对于你的学生，必须从"我"的角度来看待。这就是说当你用"我"来称谓他们时，你才算走到了他们中间，才算能够用他们的眼光来看待他们的生活，你才真正走进了他们的生活。这里来看一位初中二年级的学生写给班主任教师的一封信。这是一篇作文，教师给的作文命题就是"写给教师的一封信"。

王教师：

您好！今天的作文课上，语文教师给我们布置的作文，是给教师写一封信。我早有想法给您写一封信，我就给您写信吧，希望您能看到这封信。

我知道您认为我不是一个"好学生"。我的考试成绩，在班上总在 20 名到 30 名之间。上个月在您的课上，我和同学说了一句话，被您看到了。您在课堂上，把我狠批了一通。其实并不是我先讲话的，是他先跟我说话的。不过，我上课跟人说话了，没有专心听您讲课，还对其他同学有影响，我是有错误的。但是您在批评我时说的一些话，是我不能接受的。

您说我学习不努力，这点我就不同意。您知道我从其他学校转来时，学习成绩本来就不太好。来到这个班级以后，我尽了自己的努力要把学习成绩搞上去。那个时候，我的学习成绩在班上排名，在 30 名后面。现在我的成绩已经到了 30 名之前。

您说我学习那样不努力，有谁能瞧得起我。我认为您这是偏见。我在班上有很多朋友，我的朋友比班长还要多。班上的男同学都喜欢和我玩，不喜欢和他玩。我和同学团结比班长好，他不和人家说话，也不肯帮助别人，我肯帮助别人。我的体育比班长好，一上体育课，进行球类比赛时，同学都希望和我在一边。您批评我说，现在不好好学习，将来去扫马路，做个体户。这我也不同意。就算我将来去扫马路，去当个体户，又有什么不好。现在有的个体户是大企业家。我的意见供您参考。

此致

敬礼！

您的学生：张 XX

XXXX 年 X 月 X 日

这封信实际上是给班主任教师提意见的信。班主任教师看到这封信会作何感受，且不去管它。但是这封信，教师读来可能不会很顺心的。也许有一个字眼会在教师的脑海里冒出来，这就是"反抗"。在一定意义上讲"反抗"这个字眼，也许是合适的。"反抗"，正是这个年龄的人的特征，有人就把青春期到来的时期，称之为"第二反抗期"（第一反抗期是在 3 岁左右时，也就是人第一次产生独立意识）。这样一种心理表现前面已指出，也称之为"心理断乳"，与乳儿期的生理性断乳相对应。"反抗"这个字眼给人以"消极"的意味，"心理断乳"就有一种"成长"的意味了。描述这段时期人在成长上的特点的词语还有"自我发现""第二次诞生"。我们认为这两个词真正准确地反映出了在人生发展过程中，在经历了儿童期以后，人生经历的崭新的变化。这是一次在社会意义上真正的"新人"诞生的过程。当人试图通过把握"我"而行动时，人在社会上就不再是一个消极被动者，而是一个积极的行动者。一个没有个人意识的人与社会他人联系在一起的行动，同一个富有个性的人与社会他人相联系在一起的行动，其生活的意义完全不同。缺乏个性的人的行动，是在社会外界的因素制约之下的，他的行动目标是他人的，他的责任意识是他人的，他的关心也是他人要求的等；而一个有个性的人，他才可能真正有明确的目标，有真正的责任意识以及他自己意识到的对于他人关心的需要等。

这样一种有个性的"新人"，是与一个关键性的字眼相联系的，这就是"我"或"自我"。"我"的意识，可以说在人生的早期就已经发生了。当孩子能够用"我"或"我们"这样的人称代词时，可以说就已经发生了。这是人把自己与周围环境中的一切做初次区分的尝试。此时人就开始了自我表现，对于周围环境的限制，表现出了抗争的意识。这一时期，就被人们称为"第一反抗期"。但是此时，还不可能真正产生在个性成熟意义上的"自我"。这是因为"自我"并不简单的就是生物学意义上的作为自然性存在的那个躯体的"我"。如果人只是一个自然的生物体，那就没有"自我"可言。正像动物也有一个躯体的"自身"，但是动物绝对没有自我的意识。

这是因为动物只是一种自然的存在，而不是社会的存在。社会性的存在在人身上不是由遗传赋予的，而是在后天学得的，当然这种后天的习得也有先天遗传的基础。

我们评价一个人，并不只是评价他的外表，更重要的是评价他的学识、能力、社会地位、价值观等。这些才是一个人的自我的重要组成。如果没有这些方面充分发展，就没有充分发展的自我，同时也缺乏自我认识、评价的能力。这就是说，只有当自我充分发展了，自我意识才真正有可能产生。

人在青春期到来时，也就把自己作为认识的对象，这就是"自我发现"。人为什么在青春期到来时会"自我发现"，这还是一个谜。但是毫无疑问，生理性的突变，给人们的社会生活拓开了一个新的天地。

所谓"自我发现"，就是"发现自我"。在这之前，儿童也有一个"我"，但是还只是在个体与外部环境的区别意义上的"我"。这时"我"是认识并应付外部环境者。"我"提出的问题是"外部环境是什么"。但是当人意识到"我"也是一种客观的存在，"我"本身也应当是认识的对象，"我"就把"我"也作为认识的对象了。这两个"我"，在汉语中不能做明确的区分，在一些语言中是可以区分开来的。比如在英语中，有主格的"我"——"I"，宾格的"我"——"me"。前者被称之为"主我"，后者被称之为"客我"。所谓主我，就是进行认识的我；所谓客我，就是被认识的我。这两个我，统一于一个人，因此是所谓"自我发现"。

在"自我发现"之前，儿童在对自己的评价上，往往表现出对于权威人物的顺从，即是说自己"如何"全赖别人的评价。这就是为什么一般说来，"听话"是"自我发现"之前的儿童的主要特征。

那时，父母、教师或其他权威人士，是儿童自我的"镜子"。儿童在这个"镜子"里面认识自我。这些"镜子"如何反映自己，儿童也乐于接受这样一种评价。但是在儿童们向青年期迈进时，情况发生了变化。进入青年期的人，不再百分之百地相信权威们的那一面镜子了。这也就是为什么上面所引的那位学生写给教师的一封信，会对教师对于自己所做的评价提出他自己的看法。自我发现的人们似乎有了一面自己的镜子，他们自己用它来评价自己。

习惯于父母的评价、教师的评价、一切长者评价的人，就是被评价者应当接受的评价，就是被评价者的真实的情况，自然对于自己评价的突然失灵，会感到难以接受。

自我发现的意义，并不仅仅是在这一发展阶段中的人，能够自我进行评价，更重要的是，进入自我发现阶段的人，他们开始自己规划自己的行动、自己的生活，他们成了自己生活的主人。或者用一个我们今天已经用惯的术语，他们成为"主体"。

自我发现，在人生中具有重要的、积极的意义。但是，这也并非说，自我发现对于任何人来说，都是一个自然的顺利的过程。自我发现的结果，在不同的人那里，并不是一样的。用美国心理学家埃里克森的话来说，积极的自我发现的结果，应当是"自我同一性"的实现，而消极的结果，则是"自我同一性"的散乱。

"自我同一性"不是一个很容易理解的概念，我们认为所谓"自我同一性"，应当就是人对于自我的正确认识。有自我同一性的人，能够正确地认识自己的过去、现在，也能够在此基础上正确地规划自己的未来。具有自我同一性的人，能够正确地回答"我是什么""我正在成为什么""我希望成为什么"。反之，"自我同一性"散乱的人，不能够正确地回答"我是什么"等问题。

肯定自我发现的重要意义，不仅仅是人在青春期所获得的"自我"是一个抽象的自我。就好比自我是个体在积极的社会生活中产生的一样，那个把握"客我"的"主我"，也是社会生活的产物。它终究还是和他人有关，与社会生活有关。

美国社会学家库利提出了"镜中自我"的概念。前面我们讲到以别人作为自己的镜子来认识自己。不过，库利的"镜中自我"的含义，不仅是指自己如何通过别人认识自己，同时也指人的自我观念也是在别人的作用下发展起来的。这个镜子，是"社会"的镜子。在这个"镜子"面前，就是个人认为别人怎样看待自己，别人认为自己是怎样一种形象，从而认为自己就是这样一个人，进而据此行动。这就是说，"自我"是社会塑造的。

后来美国社会学家米德又发展了库利"镜中自我"的概念。在库利那里，作为镜子的他人是具体的人，在米德看来，这个作为镜子的他人，并不一定是具体的人，而是抽象的"概括化他人"和"有意义的他人"。这实际上就是说，自我是在一定的社会文化中获得的。米德还区分了"主我"与"客我"。不过，他的"主我"不是我们所说的以自身为观察认识对象的自我，而是不受社会环境塑造的具有主动性的自我。他的所谓"客我"，也不是作为自己观察认识对象的自我，而是被社会塑造出来的自我。无论怎么说，自我虽依赖于自然躯体的存在，但是自我在实质上必须是社会性的存在。自我依赖于人在成长过程中，一系列社会化的媒介而发展起来。

早期的或儿童时期的自我发展，父母给以很大的影响，在就学以后，教师及一些具有权威性的榜样人物，也给以很大的影响。这种影响是通过所谓"自居"作用实现的。所谓"自居"作用，就是以某权威或榜样人物来认识自己、塑造自己。在青春期前，影响儿童自我发展的社会因素，主要是父母、教师等权威人物，也就是说此时，儿童主要是以这样一些权威性的人物作为认识自我、发展自我的参照标准的。当人进入青春期以后，认识自我的社会参照标准的范围扩大了，同时在选择社会参照标准时，有了自主的意识，"反抗"便发生了。但是发起"反抗"的独立的"自我意识"，其实并不是某个人所独有的，它可能不再是从过去影响于自我意识的少数权威们那里获得，而更多的是从同伴群体那里获得的。"我"的知识，"我"的能力，"我"的地位，"我"的价值，可能不是简单地由教师或其他长辈们给予的，而是同学之间或更小范围的同伴们给予的。由此可见，"自我发现"固然是人在其发展过程中十分重要的积极的一步，但是这个有独立意识的"自我"，仍然可能是有局限性的。

然而不管怎么说，作为一个初中班主任，不再是同一群把班主任作为至上权威者的学生共同生活，而是同一个个有着独立自我意识的学生进行交往。在初中班主任这里，面对一个班级的学生，不再是一个个"你"或"他"，而是一个个"我"。"我"所包含的意义是十分深刻的。由"我"构建起来的世界，是一个新的世界。要做好初中班主任工作，不能不认识这一个个"我"。

从初中班主任的工作对象来认识初中班主任工作，这并非只是因为我们要教育自己的工作对象，我们才需要了解对象。这里真正重要的，是我们的工作出发点问题，是班主任工作观、教育观问题。作为班主任，我们必须认识到，所谓我们的工作出发点是我们所面对的学生，作为活生生的人，他们本来应有的发展以及他们在自己的那个发展阶段能够获得的发展。作为人，他们是生物，也是拥有情感、认知和社会文化的。上述方面作为一个整体结合在一起，相互影响，共同发展。作为人的发展，必须是完整的。

在上面的论述中，我们十分强调的一点是：初中阶段是在人生发展过程中从儿童阶段过渡到成人阶段的一个人生更新的过程。其在生理上、认知上、情感上、社会文化等各方面的发展及相互影响，都有许多需要深入探讨的课题。由于篇幅限制，这里并不可能做全面的讨论。

21 世纪的班主任工作，应当对于人有更深入的了解，应当更符合人的发展需要，应当更能够在人类社会的进步、在人类自身素质的提高上有更大的贡献。为了更好地认识我们的工作对象，这里建议初中班主任从更广泛的学科角度来认识人的发展。这些学科包括哲学、人类学、社会学、心理学、生物学和教育学。

第三节　初中班主任的素质要求

班主任在班级教育教学管理中发挥着重要作用。美国著名教育心理学家吉诺特博士说："在学校当了若干年教师之后，我得到了一个令人惶恐的结论，即教育的成功与失败，我是决定性因素。"

作为初中班级教育管理教师，应该主动了解学生的心理和生理发展需求，适当组织开展班级活动以调节班级学习氛围，鼓励班级学生之间进行互动交流，构建和谐融洽的师生、学生关系。初中班主任应该明确其担负的职责，保证学生获得良好的成长环境，而这需要初中班主任用心去体会和研究，不断在教育管理实践中总结经验。

一、班主任要以父母之爱用"心"育人

（一）以童心理解学生

初中班主任要准确恰当了解学生的心理发展阶段特征，针对各年级的初中生采取差异化的管理方式；鼓励初中学生大胆发言、踊跃交流心得，对待学生的错误要结合实际进行合理批评和指正。也就是说，初中班主任应该融入学生成长环境，保持一颗童心。

18 世纪时，法国启蒙思想家卢梭认为：大自然希望儿童在成人以前就要像儿童的样子。初中阶段的学生同样如此，他们会有自己的看法或想法、情感，作为班主任或教师，不能站在个人角度去要求他们，否则只会适得其反。可我们现在个别班主任容不得孩子天真、幼稚，孩子因为天真讲了错话就暴风骤雨地加以批评，因为幼稚做了一个错事就劈头盖脸地予以厉斥。

（二）以爱心温暖学生

"亲其师"，才能"信其道"。教育本质上就是对他人思想行为产生影响，试图让受教育者获得与社会环境相符的价值观念或行为方式。对于初中班主任教师而言，教育学生应首先用爱心温暖学生。

班主任对学生要有诚挚的教育爱。一个人爱自己的孩子不难，这是人之常情，难的是爱别人的孩子。而我们当教师的，每天走进校园、走进教室，从事的是"爱别人的孩子"的工作。因此，非常"神圣"。

班主任还要以恰当的方式关爱呵护学生，即定位明确。班主任对班级学生的爱，不是宠爱或溺爱，而是以爱的方式让学生获得成长。班主任不能以爱为理由或筹码，要求学生按照成年人的思维去想问题或处理各种事情，不能让学生陷入追逐名利的误区。当然，如果用敷衍或冷漠的态度对待学生，同样会导致学生产生极端思想。因此，自私的爱并不能对学生思想行为产生积极影响。

（三）以宽容心接纳学生

初中班主任教师应该宽容对待学生。正如自然界万物一样，彼此之间的宽容才造就万物和谐共生的局面。面对学生的缺点，初中班主任教师不能对其呵斥训责，否则会导致学生产生心理障碍。初中是学生心理和生理发育的关键时期，班主任教师只有对学生的错误进行耐心指导，才能帮助学生获得更好的成长空间。根据赞可夫提出的观点，作为教师就应该学会控制情绪，不要动辄训斥学生或对学生发脾气，保持心平气和的态度总会有利于创建融洽的师生关系，这也是苏霍姆林斯基持有的观点。因此，初中班主任教师在教育管理过程中应保持宽容之心。

英国著名解剖学家麦克罗德曾说起对其一生影响最大的人是"读小学时因杀了他的狗而给我处罚的一位校长，在我心目中，他是最好的教师"。麦克罗德读小学时出了名的爱"捣蛋"，一天他忽然想看看狗的内脏是什么样子，便和几个小伙伴偷偷套住一只狗，宰杀后把内脏掏出来一件件观察。谁知这只狗是校长的爱犬。校长得知后十分恼怒，决定施以"重罚"：罚他画一幅人体骨骼和一幅血液循环图。麦克罗德深知自己的错误，画得十分认真。在画的过程中，他解剖狗的知识派上了用场，同时也深感自己知识的不足。事后，校长认为他画得很好，

"杀狗事件"就这样了结了。我们不能不佩服这位校长的襟怀，在学生严重地触犯了他的私人利益后，仍能以这样理智而宽容的方式来教育学生。

班主任真正具有这"三心"，他才能发自内心地、真诚地表扬和赞美学生。表扬对一个孩子来说就是阳光，就是雨露，就是久旱之后的甘霖！下面几则材料或许能够引起班主任的一些思考：

美国心理学家詹姆士认为，人类本质中最殷切的要求是渴望被肯定。可以说，上自达官贵人，下至平民百姓，人都是喜欢听好话的，在这一点上，概莫能外，何况是孩子，多表扬有时会收到意想不到的效果。

美国哥伦比亚大学苏伯教授曾以"半杯水"为例子，谈到教师对学生的评价问题。他说，对"半杯水"可以有两个完全不同的说法，你既可以说它有一半是空的，也可以说它有一半是满的。有些教师在看待学生的时候，往往看到的是他空的一半，就认为他没有希望了，因此不断地批评、讥笑、讽刺、挖苦，久而久之，一个孩子失去了自尊，失去了自信，最后可能就毁掉了；相反，有些教师看到的却是他满的一半，"不错！才读了两年，就装了这么多了，大有希望！"因此，不断地鼓励、夸奖、表扬，久而久之，一个孩子充满了自信，最终一步一步走向成功。

当教师的可能都有这样的体会：你一个善意的微笑，一个鼓舞性的眼神，让学生激动不已；相反，一个不屑一顾的眼神、一个轻蔑的冷笑，让学生感到自己在教师心目中没有地位，甚至懊丧不已。孙中山当年曾说过：一个小学教师的重要性不亚于一位大总统。对于个体的发展来说，确实不无道理。

美国纽约州历史上一位州长叫罗杰·罗尔斯，他出生在纽约州的一个破烂不堪的贫民窟——大沙头贫民窟中。从这个贫民窟中走出来的孩子很少有出人头地的，只有他例外。他在51岁那年，当上了纽约州州长。在就任州长当天的记者招待会上，面对众多的媒体他对个人奋斗的历史只字不提，反复而虔诚地感谢一个人——皮尔·保罗，他上小学时的校长。20世纪60年代是美国嬉皮士盛行的年代，一些孩子因为出身低微看不到希望，经常在教室里打打闹闹，甚至把教室里的黑板都给砸掉了。有一天，罗杰·罗尔斯同几个顽皮的小男孩正在教室里拳打脚踢，校长皮尔·保罗进来了。看到眼前这幅情景，皮尔·保罗非常冷静地克制自己，他轻轻地走到孩子身边，抓住罗杰·罗尔斯的小手捏在自己的手心里，然后用另一只手指着罗杰·罗尔斯的小手说："我一看到你这只纤细的小拇指，我猜想你以后准会成为纽约州的州长。"听到校长的话后，他惊呆了。他说："我长这么大，只有我奶奶曾经让我振奋过一次。那一次，我奶奶说：'你以后有可能成为一艘五吨重的小船的船长'，我高兴得半夜都没睡着觉。"而这一次，校长说的是纽约州的州长，那岂是一艘五吨重的小船的船长能比的。从这天起，他说话显得彬彬有礼，而不再是出言不逊；从这天起，他穿着非常整洁，而不再是一身灰头土脸；还是从这天起，他天天看电视、看报纸，为了看看纽约州州长到底啥模样？他以此为榜样，为之整整奋斗了 40 年，在 51 岁那年，终于成了纽约州州长。大家试想一下，假如 40 年前，校长指着他破口大骂，骂得他一文不值，骂得他狗血淋头，那么 40 年后，他还能够成为一个州长吗？

二、班主任要尊重学生、亲切平和

尊重是教育的前提。不尊重学生，搞得师生关系紧张对立，教育就无法开展了。学生虽然年龄小，个子不高，但他们跟大人具有一样平等的人格。即使对所谓的"差生"，我们也不能轻言放弃，要对他抱有希望。美国教育学家本尼斯说过：只要学生知道教师对他抱有很大希望，仅此一点就足以使学生的智商分数提高 25 分。我们在教育中往往很轻易地让学生失望，要知道，希望是人生旅途的一盏明灯，对于刚刚步入人生的青少年而言，这盏灯显得尤为重要。如果青少年的旅途都充满了失望，充满了黑暗，以后的漫漫长途又将如何度过？小心地用我们并不华美的语言和一份真诚，力所能及地为学生送去鼓舞、送去希望吧！

亲切平和是教师吸引力之所在。有些班主任觉得要摆出威严，学生才会"听话"，才"好管"。其实，这里面要注意一个分寸，过于严峻，学生不敢接近，像"老鼠见到猫"似的，有话闷在心里，就会"不通则疼"。亲切平和还包括勇于承认错误。有些班主任在出现错误之后，觉得在学生面前承认错误，拉不下面子，因此，错也要错到底，以维护自己的权威。这是不应该的，"人无完人"，班主任工作中出错是难免的，重要的是有了错误之后勇敢面对，及时挽回影响。这样，不但不会降低在学生中的威信，恰恰相反，只会使自己在学生心目中的地位上升。

三、班主任要学法懂法、依法治教

（一）尊重学生的受教育权

受教育权是公民的一项基本权利，这在《宪法》《教育法》《义务教育法》中都有明确规定。学生受教育权具体表现为受教育的平等权、受教育的选择权和上课权等。从中小学实际情况看，侵害学生受教育权的形式是多种多样的，比如，个别学校为了保证有一个比较高的升学率，在中考、高考前将一些"差生"早早地打发回家；学生"犯"了错误，就罚他站到教室外"面壁思过"等。

（二）保护学生的人身权

人身权是公民权利中最基本、最重要、内涵最为丰富的一项权利。人身权的正常享受与否，关系到公民能否进行正常的学习、工作和生活。一般而言，人身权包括生命健康权、人身自由权、人格尊严权、人身安全权、心理健康权、名誉权、荣誉权、隐私权等近 20 项细致的人身权利。这些权利无论受到何种形式的侵害，公民都可视情形要求取得民事赔偿、国家赔偿，甚至刑事保护。由于中小学生是未成年人，身心还未充分发育，因此，他们的人身权更应受到特别保护。在这方面，侵权事件主要有：对学生实行心罚或体罚、变相体罚（如罚其"劳动"改造，罚超量写作业，罚做某个动作等）；随意怀疑学生有偷窃行为而对其搜身或搜其书包；公布学生的成绩及排名，侵害学生的隐私；翻看学生的日记并就其中的内容在全班对其讽刺讥笑等。

（三）保证学生能够获得公正的评价权

学生的公正评价权是指学生在教育教学过程中，享有要求学校、教师对自己的学业成绩、道德品质等进行公正的评价，并客观真实地记录在学生成长档案中，在毕业时获得相应的学业成绩证明和毕业证书的权利。学业与道德品质评价与学生将来的升学、就业息息相关，甚至会对他们一生的成长产生影响。这就要求学校和教师在对学生进行评价的时候应该一视同仁，不偏不倚。

（四）保护学生的私有财产权

教师不能毁坏学生的物品或据为己有，现在有一个说法，说某些教师，他的孩子上幼儿园、上小学，玩具基本上不用自己买，每天收缴一些玩具回来就足够他孩子用的。这种情况虽然只是极其个别的现象，但对教师的形象影响很不好。教师也不能向学生及其家长暗示或索要礼品，也不能"以罚（罚款）代管"。

四、班主任要掌握班级工作的辩证法

班主任工作千头万绪，若能在工作中巧妙地运用辩证法，可使工作事半功倍。

（一）班级工作推进中的急与缓

班主任要把握好班级活动的频率。活动过多，一波未平一波又起，学生长时间处于紧张状态，会感到身心疲惫，容易滋生逆反心理；活动过少，学生感到无所事事，容易松散，班级就会失去生气和活力。

（二）班规执行中的严与活

严，就是严格要求，在制定班规时要从严从细。活，就是在处理问题的过程中要根据实际情况灵活处理。比如，对性质比较严重的错误要严肃处理，以保证班级纪律的正常执行；小的细节错误，可以不追究，稍作暗示，让学生知错就行了。

（三）师生关系中的亲与疏

亲，就是对学生要表现出和蔼可亲、平易近人的态度，使学生觉得教师不难接近，从而缩短师生之间的距离。疏，并不是疏远学生，而是指班主任要保持与学生应有的界限与距离。我们可能都有这样的感觉，一幅油画，近看模糊一团，毫无艺术可言，远看则浓淡相宜，疏密有致。这就是心理学中所讲的"距离效应"。生活中常有这样的现象：一个你很敬佩的人，由于相处过密，对方的缺点日渐暴露，你就会不知不觉地改变原有的情感，甚至变为失望。戴高乐曾说"仆人眼里无英雄"，就是这个意思。学生（尤其是低年级学生）往往对教师言听计从，对家长的教育置若罔闻，这其实并非全是因为教师比家长更懂教育方法，或者更加高明，其中"距离效应"起着更为重要的作用。

（四）班干部搭配中的文与武

班委人数虽不多，但各人脾气、爱好、特长都不一样，工作能力也有高有低，这就需要班主任在分工时合理搭配，取长补短，形成互补。比如，有的踏实稳重，有的雷厉风行；有的善谋略，有的肯实干。

（五）班主任言论中的多与少

班主任的一言一行，对学生有着重大的影响。所以，什么时候讲，什么时候不讲，什么时候多讲，什么时候少讲，都有一定的讲究。比如，自习时间到了班上，要少讲，以免分散学生精力，而课余时间深入学生中间，要多讲，以便增进师生感情；表扬学生要多讲，更多的鼓励话语会激发学生奋发上进的勇气，而批评教育时要少讲，揭示本质、击中要害即可，过多的唠叨只会引起学生反感；开展重大活动时要多讲，鼓舞士气，渲染感情，而强调纪律时要少讲，斩钉截铁，板上钉钉，会增强说话的分量；面对全体学生要少讲，言多必失，容易引起学生的误解，私下谈心要多讲，推心置腹，循循善诱，才能达水到渠成之功效。

（六）班务工作的勤与惰

传统教育提倡班主任要"三勤"：腿勤一勤，多往班里走；眼勤一勤，多往班里看；嘴勤一勤，多对学生说。事实上，很多班主任确实是"勤"字当头，就是其他科任教师在上课时，他都会从门缝往里面看看，看哪个学生听课不认真了、开小差了，下课后便把这个学生找到办公室训训话。但我们以为班主任的勤应该把握一个分寸。《三国演义》中的诸葛亮，夙兴夜寐，事必躬亲，其结果是他早逝之后，"蜀中无大将，廖化作先锋"。很多班主任容易犯诸葛亮式的错误，包办代替，求全责备，现实中人们发现那些班带得好的班主任往往是"有所为，有所不为"的。

五、班主任要会抓"关键"

（一）把握关键时间

开学初的一个月，班主任要做好"收心"工作；调整班干部；确定班级工作目标，制订班工作计划，让全班同学明确本学期的努力方向。期末放假前半个月，班主任要注意舒缓学生的考试压力，注意学生因为向往放假而分心的倾向。考试后一部分学生思想放松，或因为害怕成绩不好丢面子，甚至因为考试不好而自暴自弃，班主任要有针对性地做好预防工作。

（二）抓关键人

现在很多班级是超大型的，班主任可通过抓关键的人来带动整体，关键人主要有班干部、学习骨干、后进生等。

（三）抓关键活动

关键活动，一方面是积极组织学生参加学校举办的各项活动，可以振奋人心；另一方面经常开展班级活动，活跃气氛。

六、班主任要懂得一些基本的医学知识

这方面不要求很专深，毕竟班主任不可能样样精通，但是，班主任懂得一些基本的医学知识有利于开展工作。比如说，某学生得了流感或带状疱疹，家长不了解，或者说不希望孩子因此而耽误课程，往往照常把他送到学校。这个时候，如果班主任善于观察，而且知道这些疾病有较强的传染性等基本的医学知识，就可以建议家长让孩子休息，以免传染给其他同学。

第二章 初中班主任工作内容

初中班主任的工作较为重要，因为其教育的对象正处在身体和心理各项机能的生长发育阶段，在此期间需要班主任的正确引导。本章主要介绍了初中班主任的工作内容，分别从关注学生的心理健康、学习状况、人际交往三个方面进行阐述。

第一节 关注学生的心理健康

一、中学生时期常见的心理问题

（一）中学生心理障碍的涵义

心理病理学术语中的心理障碍，与临床医学中的心理疾病指代相同，即同属于精神障碍。心理障碍包括精神疾病和神经发育障碍两类，研究心理障碍定义可用于辅助临床心理治疗。伴随现代心理咨询学的发展，有关心理障碍的理论与实际应用，对特定群体对象有所指导和帮助，并具有不同的涵义。初中阶段的学生正处于心理形成和发展的关键时期，心理学将中学生心理障碍理解为：不良刺激对学生心理发展产生影响，从而引起心理异常的现象。如果心理异常表现较为严重，就会发展成为心理疾病，即精神类神经症状，如恐怖症、焦虑症等。但如果心理异常表现不太严重，只是在心理方面出现轻度创伤，就属于心理发展障碍，如认知障碍、情感障碍、意志行为障碍和人际交往障碍等。

（二）中学生群体常见的心理问题

1. 焦虑症

这是一种以发作性或持续性情绪焦虑和紧张为主要特点的神经症。

该症状是一种病理性焦虑反应，与正常人基于现实令人担心情况下发生焦虑情绪不同，通常伴有多种躯体症状，植物性神经功能障碍和不安行为，严重时出现急性惊恐发作。焦虑症使主体处于持续性精神紧张或发作性惊恐状态，伴有多种躯体症状和运动性不安，但并非由实际感到威胁引起。惊恐程度与现实事件很不相称。

焦虑症患者整日惶惶不安，忧心忡忡，似乎预感到灾难将降临头上；对自己的挫折、失败感到无限的自我责备；严重的怯懦与自卑，消极悲观，意志消沉，任人摆布；有时会由于内心过分期待和恐惧情绪而达到惊恐发作的程度，惊叫、呼救；由于情绪极度紧张，表现为狭隘与抑郁，对任何事物都会失去兴趣，注意力极度涣散，记忆力减退，严重者不能进行正常的学习。

焦虑症的躯体表现是：心悸，心慌，气短，胸闷，心前区疼痛，呼吸频快，多汗，手指震颤或麻木，有阵发性发热或发冷感。行为表现：小动作多，坐立不安；失眠，入睡困难，梦魇；情绪激动，经常莫名其妙地发怒，与别人争吵，什么事情都看不惯。

焦虑者的内心深处往往有一种无法摆脱、不愿正视的心理问题，焦虑只是某种矛盾冲突的外部表现，以此为防御机制，以避免更深层次的困扰。

2. 学习障碍

学习障碍是由种种不良因素导致学生学习上的失败。学习障碍是生物、社会文化、心理三方面的多种不良因素相互作用的结果，如学习者的智力发育不良、知识经验准备不足、感知或运动障碍、情绪或行为发生困难、家庭环境不良好、学校教学方法不善、社会环境不良、学习态度不端正、学习目的不明确等。

3. 情绪障碍

情绪障碍主要指情绪方面的经常性异常表现，如愤怒、烦躁、抑郁、不满、悔恨、冲动、自责、淡漠、脆弱等。情绪障碍对身心发展是极为不利的，某些情绪可能引发攻击行为，造成社会危害。广大教师对青少年学生中的情绪障碍患者必须特别关注，及时辅导教育，使学生健康成长。

患情绪障碍症的学生常见有两种类型。

第一，多动、攻击冲动型。这类患者表现为好冲动，活动过多，常常有拒绝和不服从的表现，粗鲁、不合作，易怒、情绪不安，注意力不集中，缺乏行为控制。

第二，活动过少、抑郁退缩型。这类患者表现为过分压抑、自卑、缺少判断力，过分内向，不愿表达，严重者可患孤独症或精神分裂。

4.人际关系障碍

人际交往过程中阻碍人际关系建立的各种因素，又称人际交往障碍，主要有三方面。

（1）文化因素障碍，包括语言障碍和教育程度差别上的障碍，前者如语言、文字、有意义的符号，在交往过程中的误解、曲解、偏见以及民族或群体在情感和意识上的倾向问题，后者为不同教育经历造成的思想认识差别的影响。

（2）社会因素障碍，主要有地位角色障碍、空间距离障碍、沟通网络障碍等。

（3）个体因素障碍，如个性结构障碍、个性品质特征障碍等。

二、中学生常见心理问题的产生原因

总的来看，中学生之所以产生心理障碍，是因为受生理、环境和主体三方面因素的影响。

（一）生理因素

遗传、体质等生理因素，会对中学生心理障碍的形成与发展产生推动作用。根据已有的资料研究显示，遗传因素是影响个体心理障碍的重要生理因素。当家庭父母一方成员患有心理障碍时，其子女患有心理障碍的概率就会增加。另外，研究资料还证实，当人体大脑左半球机能受损时，个体情绪就会异常低落，带有沉默寡言、自罪自责的性格特征，这属于不正常的心理现象。而如果个体生理发育速度过快，同样会影响其心理特征，如常处于惶惶不安的状态等。

（二）环境因素

环境因素是影响中学生心理健康程度的主要客观因素，环境因素又分为社会环境、家庭环境和学校教育环境。一般而言，环境因素是复杂多变的。

社会环境因素与中学生心理健康程度具有密切关系。不良的社会环境因素主要是指社会不正之风，尤以"黄、赌、毒"最为明显。如果任由这些违法犯罪群体对中学生进行教唆，那么就会在不自觉间影响中学生的心理健康。当前，部分中学生常患有抑郁、自卑、颓废、叛逆等不良心理疾病，这与社会中的某些不良风气有很大关系。因此，初中班主任应该及时发现并处理学生的心理问题，多为学生创造健康有益的社会风尚和道德舆论。

家庭环境因素是指家庭成员言行对孩子心理成长的影响。家庭成员（尤其是父母）与孩子接触的时间最长，他们的言行举止会影响孩子心理健康状况。事实证明，不同的家庭环境中的青少年的身心健康状况也存在一定差异。即便在相同家庭环境中成长的青少年，由于父母的教育管理方式存在区别对待等情况，他们也会产生不同的心理健康状况。一般来说，家庭环境因素包括：家庭内部成员的直接教唆或间接暗示、家庭关系结构发生不利变化、家长缺少对孩子的照料等，这些都会导致孩子产生不良心理问题，如患有焦虑症、抑郁症等。此外，如果家庭成员过于呵护或溺爱孩子，同样会导致孩子产生自傲自大、自私自利的心理疾病。

但是，从另一角度来看，如果家庭主要成员（即父母）本身就存在心理病态，那么就会对孩子的心理发展产生不利影响。如果在孩子年龄尚处于一岁内，而父母本身又极易情绪低落、伴有抑郁心理，那么就会导致孩子产生类似的心理疾病。总之，父母对子女不切合实际的要求，容易使学生精神负担过重，从而导致神经衰弱或癔病。[①]

学校教育环境因素包括校风、班风、教学内容、课外活动、团队活动等，这类因素同样会直接或间接影响青少年的心理健康。在学校教育环境中，班主任与班级学生接触频次最高，班主任的言行举止会对本班内的学生心理产生潜移默化的影响。学生会对具有一定威望的班级教师产生依赖，他们会模仿班级教师的言行举止，并听从班级教师的教导。如果班主任难以采取有效的教导命令，那么就会导致其在学生中的威望程度下降，进而产生一种师生关系失衡的状态。久而久之，学生就会形成逆反心理，引起诸多的不良情绪体验，如彷徨、怀疑、失望、悲伤、忧虑和恐惧等。

（三）主体因素

初中学生正处于身体发育的关键时期，无论是生理还是心理状态都会发生相应变化。部分初中学生不能正确看待身体发育情况，在心理认知方面尚未做好充分准备，从而产生心理障碍。

① 梁华.班主任工作指导手册 [M]. 长春：吉林大学出版社，2009：70.

此外，由于缺乏正确的道德认知观念和健康的思想意识，初中学生不能有效对待和处理遇到的困难，从而产生心理挫折感。正确的道德认知观念，是正确看待客观环境的主要影响因素。当初中学生道德认知观念尚浅时，其就会对客观环境认识形成误判，而这种误判就会影响处理事情的心态，产生忧郁、焦虑、沮丧及对立等心理。

情绪反复波动最容易影响心理健康。当客观环境与主观预期出现偏差时，个体主观心理就会发生各种不利情绪，如焦躁不安、抑郁沮丧等。这就表明，冲突和失败等情绪体验只会带来不良的心理状态。

当动机与需要之间产生相互排斥的矛盾状态时，个体就会出现一种冲突心理。例如，初中学生某一学科成绩获得进步后，非常渴望能得到该学科教师的称赞或表扬，但是由于平时表现较差，认为教师不可能称赞或表扬自己，此时该初中学生就会出现冲突心理。

当学生在正确动机指导下，预期的目标或计划不能实现时，个体就会产生一种强烈的挫折感或失望心理。初中学生心理承受能力较差，如果经常遭遇失败却不能妥善处理，那么就会长期处于颓废等消极状态，最终导致心理障碍出现。

初中学生意志力薄弱，极易损伤个人心理健康。意志薄弱，即个体在面对困难局面时心理承受能力差，不能有效坚持下去。部分中学生出现心理障碍，很大程度上与意志力薄弱有关。尽管这部分中学生能够持有正确的认知观念，但却在行动过程中受到内在的心理干扰，继而无法达到或实现预期目标，最终产生一种悲观、失望的不良心理状态。

三、学生心理问题的预防和排除

中学生会在学习方面存在各种心理障碍，受自身学习状况差异等影响，心理障碍程度也有所不同。因此，初中班主任应预防和排查学生心理问题。中学生心理障碍成因比较复杂，包括社会原因、学校原因、家庭原因和自身原因等。针对预防和排出学生心理障碍问题，应从以下几个方面入手：

（一）良好的社会环境是防治基础

良好的社会环境主要包括以下几点：

第一，使社会风气得到根本改善，肃清腐败现象，倡导实事求是精神，防止和杜绝学生产生逆反心理、封闭心理、冷漠心理。

第二，净化社会文化、彻底肃清封建思想文化余毒，是防止和排除学生心理障碍不可忽视的条件。

第三，指导初中学生确立正确的人生观和价值观，打破对"只有考上了大学才能成材"的片面理解，尊重学生人格，张扬学生个性。不对学生进行人为的等级划分，对差生不要贬低或歧视，彻底杜绝"智育至上、分数至上、升学至上"的陈旧观念，让每一位学生在温馨平等的集体环境里学习生活，避免产生不利的心理障碍。

另外，正视初中学生优缺点、正确管理后进生、树立男女平等社会观念等，同样具有十分重要的意义。

（二）合理的家庭教育是必要条件

家庭教育，对培养初中生情感习惯、道德品质具有重要作用。家庭中的父母尤其要重视孩子的成长情况，以免孩子形成心理障碍。

第一，父母不能过于溺爱或娇宠孩子，特别是不应该把满足子女过分要求当作是一种学习奖励。因为很多不良习惯就是这样形成的，最终可能会演变成心理障碍。父母可以适当学习一些教育学、心理学常识，也可以在空闲时间加入家长学校群交流讨论。

第二，父母要尊重、理解孩子。许多父母觉得自己可以按照个人意愿管理子女，压根不懂得尊重子女的成长个性，更不用说了解了。有些子女心理常表现为自卑抑郁、孤独苦闷，就是受此家庭教育的影响。

第三，父母要对子女有一个正确的认识与评估。望子成龙之心，当然是情有可原，但必须从现实的角度考虑，给孩子的学习期望不应该太高，不然会使其出现心理障碍。

（三）正确的学校教育是重要因素

中学生的大多数活动都是在校期间完成的，学校教育应被视为预防和排除学生心理障碍极为重要的一个因素。

第一，在素质教育理念的要求下，各地中学应采用平等的教育教学方式，尽量不设重点班或重点学校评比活动，不然这种评比只会影响中学生的学习心理，其影响是弊大于利的。解决好这一问题，是防止心理障碍发生的重要环节。

第二，作为教育工作者，应该始终坚持平等、尊重、信任和理解的教育教学理念。初中阶段的学生有着较强的自尊心，班主任应该学会平等地对待学生、尊重学生，了解学生的心理需求和情感欲望。尊重需求是一种更高的需求，中学生对尊重的需求特别强烈，而尊重又必须以信任与理解为前提。因此，教师必须了解学生的兴趣爱好、性格特征与潜在需求，及时与学生进行情感交流，排除学生心理障碍。

第三，沟通疏导是我国学校教育的重要方针。严格地要求学生本身并没有错，但是决不能以设关卡给学生增加过大压力，也不能任意责骂、处罚他们，尤其是对于那些已经存在心理障碍的学生。因此，初中班主任只有在感情交流、意见沟通、热心帮助和积极指导下，才有可能实现教育目标，让学生步入健康成长之路。

第四，中学应实施必要的、正确的性心理教育，使学生对自我有一个科学认识与了解。将青春期教育与道德教育、法制教育相结合，能取得较好的效果。

（四）加强学生自身的修养是关键

构建社会、家庭、学校三方共同治理体系，是加强学生修养的外部力量，但是要预防和消除学生心理障碍，必须依靠学生自我管理才能取得成效。所以，强化学生的自身修养是解决问题的关键所在。

第一，帮助中学生确立学习新目标。每一位升上初中的学生，都会产生新鲜感和自豪感，并会产生努力学习的潜在目标，此时教育者必须及时地帮助学生建立起新的学习目标，避免学生产生松懈心理，使学生能够尽快地适应初中阶段多学科学习的需要，适应由儿童向少年的转变。

第二，帮助中学生养成自我教育、自我控制的能力，学会合理管控个人心理情绪或行为状态，让学生对学习有一个适度的紧张状态，更好地集中注意力。另外，初中班主任教师可引导学生学会自我激励和自我反省，用自我暗示和自我克制的方法，战胜盲目冲动的心理，引导中学生从"独立性"和"成人感"进入自强、自尊、自控状态。

第三，对中学生进行严格的教育，促使其养成好的学习习惯。不管是听课，还是自习、复习等，均应按照教师要求认真完成任务。初中班主任教师应适当鼓励学生积极地反馈自身学习情况，或者通过学生回答问题、反映问题等情况，了解学生的学习情况。

第四，指导中学生探寻合适的学习方法。例如，根据以往学习进展情况总结经验教训，从中挖掘适合自身的学习方法路径；还可通过对比各科学习成绩，自我反思为什么某一门课程学习得好，某一门课程学习得较差，从中寻找原因与解决方法，让学生形成善总结和自我调节的习惯，逐步形成一套行之有效的学习方法。

第五，帮助中学生树立班集体意识，让其更好地关心爱护班集体，把大家凝聚在一起，结下真挚的师生情谊。一个温馨的班集体，就是一个良好的学习环境，更是一个学生健康成长的园地。

第六，要求中学生树立正确的人生观和世界观，学会明辨是非、美丑、真假、善恶，学会运用真理抵御不良思想。同时，初中班主任应要求学生践行"有理想、有道德、有文化、有纪律"的理念，实现完善自我与完善班集体的统一。

第七，鼓励中学生学会坦诚相见，懂得倾听和向他人倾诉苦恼，以获得谅解与帮助。遇有赞扬、批评，应自警、反省；遭遇诱惑时，要自制；保持开朗和愉快的心境。

第二节　关注学生的学习状况

一、如何帮助学生减轻学习负担

减轻学生的学习负担，是社会各界普遍关注的问题，需要多方面的共同努力。作为教师，应努力做好以下工作：

（1）不断提高认识，坚持全面育人的教育指导思想。教师的责任是教书育人，就是要对学生全面负责，对他们的长远负责。我们的教育目标是培养全面发展的人，只有使每个学生都得到全面发展，才能说明学校教育工作是高水平高质量的。减轻学生的学习负担，是确保学生健康成长、促进学生全面发展的重要途径之一，它是实现教育目的的一个重要手段。

（2）减轻学习负担，要立足于课堂教学改革。班主任要树立正确的教学指导思想，并在其指导下，改革课堂教学；关键是要备好课，上好课，提高课堂教学效率；教学中，要用启发式教学方法，反对注入式，创造生动、活泼、主动的学习情境，调动学生各种感官积极地参与学习活动；讲课要少而精，给学生留有充分的课堂练习时间，以利于学生当堂巩固，减少课后的负担。

（3）减轻学生课外作业负担。目前，学校里普遍存在学生作业负担过重的现象，严重影响了学生身心的健康发展，使学生产生了厌学情绪。纠正这种现象，首先，要限制学生的课外作业量，严格按国家教委的规定给学生布置适量的课外作业。其次，要改革课外作业的布置：一是加强课内、校内的练习；二是针对学生年龄特点和实际水平，采取多种形式布置家庭作业。

（4）指导和丰富学生的课余生活，使学生的才能得以充分发挥。教师应根据学生的年龄特点，指导他们安排好课余生活，使课余生活过得更充实，更有收获。

二、学生沉迷游戏、武侠、言情小说应该怎样解决

一些学生过分迷恋电子游戏机、武侠和言情小说，严重影响了正常的学习生活。针对这种情况，班主任应该采取冷静的态度，积极、主动地加以教育和引导。

（一）班主任对学生的兴趣问题要有正确的认识

中小学生的兴趣是多方面的，有积极的，也有消极的。积极的兴趣，可以促使学生健康成长，有的还会促使其创造性潜能充分发挥出来。消极的兴趣，例如特别迷恋电子游戏、武侠小说或言情小说等，会影响学生的健康成长。中小学生的兴趣一般不稳定，不能持久，容易变化。他们感兴趣的往往是新鲜、生动、有趣、形象的事物，富于情感因素；因此，班主任应多与这些学生接触，及时地加以教育引导，帮助学生形成积极的兴趣，抑制消极的兴趣，使学生的兴趣健康地发展。

（二）班主任要正确引导学生的兴趣

班主任可以通过开展丰富多彩的课外活动，来引导学生的兴趣。针对喜欢读武侠小说或言情小说的学生，可以帮助他们组织课外阅读小组，向他们介绍一些优秀的文艺作品，一些融科学性、思想性、趣味性于一体的科普读物，转移他们

的阅读兴趣。针对喜欢电子游戏的同学，可以帮助他们组织计算机小组，引导他们探寻计算机的奥妙，把他们的兴趣转移到学习上来。

三、考试不能正常发挥怎么办

王霞是一个聪明伶俐的姑娘，学习刻苦，成绩一直名列前茅。有一次，王霞代表学校参加市数学竞赛，这可是一次强手如林的比赛。虽然数学是她的强项，但是王霞还是有些紧张，甚至感到肚子隐隐作痛，不一会儿，竟痛得直不起腰了，脸色苍白。监考教师见此情形，只好让她放弃比赛。从此，王霞只要遇到考试，心里紧张就肚子痛，越紧张痛得越厉害。父母送她到医院检查，既没有发现她胃肠有什么器质性病变，也没有发现她被细菌、病毒感染。那么王霞究竟得了什么病呢？

医学实践告诉我们，肠、胃功能好坏与人的心境有密切的关系。俗话说："酒逢知己千杯少，气愤满溢难咽食"。前者说的是，人心情好胃口大开，喝酒千杯不嫌多；后者说的是，人在愤懑心情之下，再好的美餐也难以下咽。

医学研究表明，个体紧张、焦虑、恐惧心理持久或强烈会引起人的自主神经功能紊乱。焦虑、愤怒、对抗、抑郁、惧怕等情绪反应能影响自主神经功能而使肠张力改变和内分泌失调，如激动和紧张可使乙状结肠收缩增强，患者大多发生结肠痉挛，便秘和结肠绞痛。这种因情绪、心境变化而引起的绞痛，医学上称之为"肠道易激综合症"，也称为"过敏性结肠炎、结肠激惹综合症、结肠功能紊乱、结肠神经官能症"等。

王霞的考前肚痛可能就属于这一种，可以通过心理疏导和一定的推拿、药物治疗治愈。

（一）心理疏导

王霞因参加市数学竞赛时紧张而引起的自主神经紊乱，导致了肚痛，以后只要考前紧张就发生肚痛的习惯性结肠痉挛。因此要杜绝肚痛，首先要消除不必要的考前紧张。教育实践表明，越是好学生，考前紧张综合症越明显。父母要给王霞减压，首先王霞要给自己减压，要以平常心对待考试。

（二）考前采用揉摩腹部，理活肠道气血方法

取仰卧姿势，全身放松，双腿自然屈膝，调整呼吸，吸气要细、匀、深长，

吐气要慢、徐，双手中间 3 指按于上腹，先顺时针揉转 30 次，再逆时针揉转 30 次；用右手按顺时针方向绕肚脐周转 30 次，再用左手按逆时针方向转 30 次；用双手中间 3 指由上腹顺揉而下，揉至耻骨联合处为界，再由耻骨联合处两边分揉而上，揉到上腹。

上述动作，依次做完一遍后再重复做 5～8 遍，注意揉摩时要自我暗示"我的肚痛正在慢慢消失、消失、消失……"。注意揉与摩动作要准确，揉时手指或手掌应紧贴皮肤，不要移位；摩时，作用力温和浅显，手指或手掌不要紧贴皮肤，在皮肤表面做回旋状摩动。揉摩频率慢时 50 次 / 分，快时 100 次 / 分，早晚各一次。

一般来说，无特殊情况，一般 10 个疗程可痊愈。如仍不能解决考前肚痛，可服用一些镇静安定剂、谷维素等，但必须在医生诊断及处方下服用。

张颖读初三，随着升学考试一天天临近，张颖的复习迎考也进入了白热化阶段，考上重点高中不仅是全家的期盼，更是张颖梦寐以求的。1000 多个日日夜夜的奋斗，就看这最后一搏了。张颖不敢有丝毫怠慢，把所有的时间都用在了复习迎考上。但令人感到不安的是，张颖近来晚上经常失眠，虽然白天学习很累，睡意浓浓，但晚上躺在床上，怎么也无法入睡，而且越是担心睡不着就越睡不着。由于持续数夜失眠，张颖白天昏昏沉沉，听课效率极差，作业经常出错，脸色苍白，经常出冷汗。看着宝贝女儿一天天消瘦下去，张颖父母既担心女儿考不上重点高中，又怕长此以往女儿身体承受不了，真是左右为难啊！

许多心理学研究证明，个体思维流畅性和演绎的严密性与个体心情有密切关系，个体只有在心态正常情况下才能把才华发挥到极点。因此，中考之前调整心态、调整期望值，有时会收到意想不到的结果。克服失眠有以下两种方法可以一试：

一是临近重要考试，晚上不开夜车，睡前半小时不看书，不喝浓茶，不饮咖啡，有条件的（如家里有健身器材）锻炼半小时，最好能出汗，气喘吁吁效果最好，然后用热水慢慢洗脚，再洗澡，轻松入睡。睡前锻炼能增加疲劳感，易于入睡。

二是调整睡前心态。失眠者的普遍现象是越是担心睡不着，越睡不着。失眠者更担心的是一夜不睡，第二天怎么办？"睡不好，必然考不好"这种心理暗示搅得难以入眠。一些睡眠专家指出：一夜不睡并不影响人的智力发挥和记忆水平，因此最好的办法是：一切顺其自然，既然睡不着，就睡不着吧，一会儿倒睡着了。还有一种方法，躺在床上先不要闭眼，让大脑松弛下来，待全身放松之后，自然而然会闭上眼，千万不要出现紧闭双眼，强迫自己睡眠的"欲速则不达"状态。

四、学生很用功，成绩却不见提高怎么办

个别学生学习很努力，每天都学到晚上10点多，有时甚至复习到午夜才结束，不过考试成绩却不理想。

这种情况在参加中考的初三学生中有一定的代表性。到了初三，学习任务繁重，作业量增加，学习的强度也加大。造成学生目前困境的原因可能有很多，根据多年的经验，以下的方法和建议或许对他有所帮助：

（一）学会科学用脑，提高学习效率

可能学生存在一种错误的认识，他们认为学习的收获和学习时间成正比，于是便拼命增加学习时间，遇到考试，特别是中考，更是分秒必争，开夜车加班加点复习。这样做的结果却与自己的初衷背道而驰。

能自觉抓紧时间学习，争取好的成绩以实现自己的理想，这是一件好事。但学习不是一蹴而就的事，它是一种复杂的脑力劳动，会消耗神经细胞的大批能量。如果学习无节制，不会合理安排时间，不能科学用脑，必然造成大脑机能损伤，引起疲劳，进而破坏良好的生理状态，导致学习效率降低。心理学上把刺激过多、过强或作用时间过久而引起极不耐烦或逆反心理的现象，称为"超限效应"。可见，凡事都有一个"度"，超过了这个"度"，事物就会走向反面。因此，不能过度用脑，提高成绩要靠提高学习效率来实现。如何做到科学用脑呢？在这里提供一些有益的建议。

1. 养成良好的生活作息习惯

养成良好的作息习惯，使生活具有节奏。例如何时起床、何时吃饭、何时就寝等，不要随意打乱生活规律。生活的节奏性不仅能使大脑和神经系统的兴奋和抑制获得交替，而且随着时间的推移，在大脑皮层上会形成动力定型，从而使大脑皮层更有效地工作，减少不必要的能量消耗。这样学习效率高，又不易疲劳。

2. 学会积极休息

所谓积极休息，就是使神经细胞的活动依次轮替，兴奋和抑制过程重新分配。晚上在复习的时候，如果感到累了，可以停下来做一些不太剧烈的活动，如到楼下散步 10 分钟或是起身做做操或是和父母聊天几分钟，这种动态休息能较快地消除大脑疲劳，为下面的学习创造良好的条件。在学习的时候，可以采用不同学科的交叉复习，当数学题做得很累的时候，不妨看点散文、诗歌或小说等，以此来调节大脑的兴奋中心，提高学习效率。

3. 坚持体育锻炼

健康的体魄是大脑从事高效率学习的基础。体育锻炼能增强人的体质，促进血液循环，使大脑细胞得到充分的氧气和营养，从而提高大脑活力，预防疲劳，以承受繁重的脑力劳动负担。因此，在白天课间休息的时候，应该走出教室，活动一下筋骨；每天还可以坚持跑步或打球等体育活动。

4. 保证充足的睡眠

要维持大脑高效率的工作，必须给脑组织以充分的物质营养。长时间地过度消耗脑细胞，其蛋白质营养就会下降，会使神经细胞的功能减弱，甚至会得神经官能症等。充足的睡眠能使神经细胞得到充分的休息，解除脑细胞的疲劳，提高大脑皮层的兴奋度，维持良好的心理状态。为了学习而熬夜，无端地减少睡眠时间，对于学习不仅没有益处，而且还会损伤大脑健康，是一种得不偿失的做法。

（二）制定科学合理的学习计划

学生每天晚上复习到很晚，可能没有合理安排好时间。学习计划的作用在于帮助我们科学地分配时间和精力，提高学习效率和学习质量。

对于学生而言，要随时掌握课堂学习内容，及时消化课堂教学内容，每天独立完成该做的作业，这样就不会把白天该做的事情拖到晚上去做。此外，做事情应该分清主次，要不然胡子眉毛一把抓，肯定时间不够用。根据事情的重要和紧迫的不同程度，往往把事情分为 4 大类：A. 重要而紧急；B. 重要但不紧急；C. 紧急但不重要；D. 既不重要也不紧急。

毫无疑问，一个有效率的人首要做的是 A 类事情，其次是 B，然后才是 C，花在 D 类事情上的时间越少，那么你就有越多的时间用在学习上。对那些不紧急又不重要的事情可做可不做，即使做，也可以利用一些琐碎的时间来完成。把你的大块时间用在你认为有价值或有助于你实现学习目标上，这样你就会提高时间的利用率和效率了。

（三）养成良好的学习习惯

学生晚上学习得晚，可能跟一些不好的学习习惯有关，因此让学生养成良好的学习习惯，对提高学习效率会有很大帮助。

1. 养成立即行动的好习惯

做事不要拖拉，要雷厉风行。

2. 东西放置要有条理

平时的书籍、笔记本等日常学习用品要分类放置，以便查找。

3. 摆脱消极情绪

遗憾、懊悔、担心等不良情绪都会影响学习的效率，要保持愉快的心情，摆脱消极情绪的困扰。

学生学习成绩不稳定怎么办？

首先，我们对学生学习成绩评定要科学，不能以某次考试的成绩高低来简单评定学生学习的好坏。我们知道，学校组织的学业考查、考试，一般分为水平测试和选拔性考试。期中、期末考试，毕业考试都是水平考试。你只有达到一定分值，就认可你。而升学考试、单科竞赛考试等，就是选拔性考试，选拔性考试题目的难度、广度大大增加，分值就会有所下降。因此，简单地以两次考试分数来评价学生学习成绩是不科学的，也是不合情理的。

其次，对学生的成绩不稳定要做科学分析。一般来说，考试分数（以全班平均分值计算）相差5分之内均属正常，如超过10分那就属于不稳定范畴。

造成学生学习成绩不稳定既有生理、心理上的原因，又有学习方法、学习习惯等诸方面原因。因此，首先必须找出原因，才能对症下药。

学生进入青春发育期由于第二性征的出现，心理上也发生变化。有人称为青春期是"多事之秋"，也有人认为是青少年"多思的季节"。特别是女学生，由于比男孩发育早，懂事也早，或多或少会影响学习成绩。一般自制力较强的学生，经过适当调整，影响不大。但那些自制力较弱的学生陷入青春幻想中难以自拔，学习积极性当然就可想而知了。对于这类学生，父母应帮助他（她）调整心态，即要认识到处于青春发育期学生有一些想法是正常的，但要正确对待，把精力放在学习上。

中学和小学，虽然是承上启下的两个学习阶段，但无论从知识的难度还是广度来说，都是不能比拟的。有些学生（特别是女学生）小学时成绩优秀，但进入中学后，明显感到力不从心。究其原因，学习方法还停留在小学阶段，满足于死记硬背，在一些需要理解性的学科上，学习困难较大，造成成绩不稳定。

对于这类学生，父母要帮助学生改变学习方法，要善于向班中学习方法好的同学学习，特别是在一些理解性学科上（例如物理、化学等）更要注意科学的学习方法与刻苦学习精神相结合。

中国人有句俗语："亲其师，信其道"，一个优秀的教师对学生来说就是一所学校。教师受学生爱戴，他（她）所教授的学科学生也易于接受；反之，亦然。教师调换也会影响学生学习兴趣，造成学生学习成绩起伏不定。对于这种情况，如果确实是教师师德或教法有问题，造成全班大多数学生成绩下降，家长可以向校方提出，协商解决。

当然，造成学生学习成绩不稳定还有诸如学习态度、学习习惯等方面问题，家长要对症下药，帮助解决。

五、如何解决学生升学后成绩下滑

小薇在小学时，学习成绩总是在班级前几名，进了中学以后，学习成绩平平，近来有的学科发展到不及格的边缘。

小薇同学在小学的学习成绩优秀，说明小薇的智力没有问题，也说明她是一个好学上进的学生。进了中学以后，她面临着一个相对新的学习环境，学习成绩下降，一般总是涉及学习目的、学习态度、学习方法以及社会、家庭环境影响等问题。从心理学的角度讲，从小学到中学的心理适应、交友适应、学习方法适应是更为普遍的问题。

（1）从小学升入中学，是学生学习生活道路上的一次重大转折。熟悉的、值得留恋的孩提时代的结束，充满希望和新奇的同时又感到陌生的生活开始。面对相对陌生的学习生活环境，一切都是未知的，许多小学里习惯的规章制度都将改变，对学生的辨别是非、自我认识、自我控制能力都需要适应。在中学里，班主任和任课教师不可能样样都像小学教师那样管得那么细，在许多场合需要中学生自己拿主意。小学时的同学，要好的朋友关系都变了，客观上疏远了老同学、老朋友，同时也使自己面对众多的新同学、新朋友。况且，小薇同学在小学里是一位优秀学生，受到了同学和教师的喜爱，到了中学，环境的改变是对小薇的一种考验。如不能很好适应，就会造成心里烦恼和不愉快，影响学习成绩。

（2）进了中学后小薇还经常频繁地与小学同学来往，我们不排除其中有原来感情很深的同学关系，但很大部分学生往往出于对新环境的不自在、不适应，依赖旧友并相互叙说来维持心理的平衡。这样，实际上是对新环境的一种对抗，将更难融入这个新的集体，更难适应新的环境，进而影响学习成绩。

（3）该阶段的学生对外界的一切都感到新奇，辨别是非能力、自我认识能力、自控能力、交友能力都不是很强。对于强烈的新潮冲击，较难把握自己，把明星（例如：歌星、影星、体育明星等）作为偶像来崇拜，甚至到了疯狂迷恋的程度，茶饭不思，热衷于追星而荒废学业。更严重的是迷恋学歌、学舞、打游戏机，经常出入娱乐场所，经不住社会上高消费的生活方式和贪图享乐的诱惑，羡慕成人化生活，又怕家长、教师知道，心理严重受到压抑，以致上课注意力不集中，课后也无心复习和认真做作业，这自然影响了学习成绩。

（4）进入中学后，中学课程要比小学课程多而深，学科的内容进入一个新的台阶，光靠认真听讲、认真作业是不够的，而需要多思考、多发问，讲究科学性、系统性、全面性。所以，在学习方法上一时掌握不了，也会暂时影响学习成绩。

总之，进了中学，学生学习成绩下降有多方面的原因，必须详细了解学生进中学一段时期以来，针对学生面临的校内外、家庭、社会环境的各种实际问题，帮助提高自我认识能力、辨别是非能力、自我控制能力、自我适应能力等，调节学生的心理变化和调整学生的某些行为。找准原因，与学生一起分析、探索问题。放宽心，给予学生必要的帮助和辅导，尽量不要干涉学生的社交生活，尊重学生的个性发展，促其独立性的成熟。

六、如何解决学生做作业时经常发呆走神

学生做作业的时候老是发呆走神，这是一种不好的学习习惯。专心致志的学

习，是学生必须养成的学习习惯。我们说一心不可二用，做什么事情都要全神贯注。大家一定都听说过《小猫钓鱼》的故事吧，与这个故事的寓意相同的还有中国古代"一手画圆，一手画方"的说法，旨在告诉人们学习时不可一心二用。

针对学生做作业时走神的现象，提供以下建议：

（1）在房间内为学生留出一块单独的空间，避免用鲜艳强烈的色调装饰，保持房间俭朴整洁。把书桌摆放在空白的墙下，使他远离干扰，这有利于学生集中注意力。

（2）在手腕上套一根橡皮筋，当学生自己感觉走神分神的时候，就用另外一只手弹一下橡皮筋，疼痛会让学生从走神中回到现实中来，重新意识到自己目前的任务。使用橡皮筋的好处是不会对学生的手造成伤害，只是用适当的疼痛提醒学生。

（3）培养学生的学习兴趣。俗话说"兴趣是成功之母"，只有学生对学习产生了浓厚的兴趣，他们在学习的时候才能全身心地投入，那时候他们的注意力高度集中，就不会发呆走神了。

做作业的时候发呆走神也许是对学习没有兴趣，感觉学习是件苦差事，对教师布置的作业是一种应付的态度，做作业时注意力不集中也就是很正常的事情了。

（4）当学生做作业速度稍微快一些时或能集中精力做作业时，家长要及时给予表扬，或是奖励学生喜欢的东西，这是一种积极的强化。表扬的结果能够促进和刺激这种良好行为的产生。相反，如果学生在做作业时拖拉走神、分心严重，父母要给予适当的惩罚。当然这种惩罚并不是体罚，也不是打骂，例如罚学生做他不喜欢做的事情，如学生不喜欢吃辣的，可以罚学生吃点辣酱等，这样可以帮学生慢慢养成做事专心致志的好习惯。

（5）一些基本的注意力训练。学生的注意力是可以培养和训练的。最简单的一种做法是让学生在规定的时间内做数字演算题，或进行快速口算。这对培养学生的注意力有很好的帮助。

（6）平时要注意不让学生养成一些不好的生活习惯，如边吃饭边看电视，边做作业边讲话或摆弄东西；起床、吃饭、走路等速度太慢等都容易使学生分神，造成学生注意力不集中。

七、怎样看待学生考试的分数

考试只是对学生某一阶段学习情况的一种重要检测手段，而考分也只是学生在该阶段所掌握知识程度的一种体现。

通过考试，可以使学生检查前一阶段的学习状况，发现自己知识的薄弱环节，及时加以弥补。同时，考试也起了激励作用。考好了，能进一步提高学习兴趣，增强学习动力；考差了，冷静对待，查缺补漏，同样能增强学习信心。

当然，对于考分，我们也不能熟视无睹，不少学生每次拿到试卷，只看分数，而对于错在哪里、为什么会错却不甚关心，这就违背了教师进行考试的初衷，因为考试还起到了一个调节作用。

一方面，教师可以通过考试结果反馈的信息，分析自己的教学效果，了解学生掌握知识、发展能力的状况，调整教学进度，改进教学方法；另一方面，学生通过考试，可以明确今后的努力方向，调整自己的学习计划，使自己"百尺竿头，更进一步"。可见，教师考学生要的并不只是一个分数。若学生考试仅仅为了一个应付家长的分数，那考试也就变得毫无意义了。

那么应该采取怎样的有效措施，让学生在升学考试来临之前做好心理调整，真正走出考试困扰呢？

（一）明确学习目的，拓展学习范围

学生学习并不只是为了求一个高分，学习的目的是求知、是探索，而求知欲应是人类的本能，所以对于学习本应充满兴趣和热情。考试分数只是一种表面形式，我们真正需要关注的并不是分数本身，而是分数背后的艰辛和收获。即使你拿了高分，也只能说明试卷上的那些题目你答得准确率高，这部分知识你掌握得比较好，但这些试题并不是你学习的全部目标、生活的全部意义。除了书本知识外，学生应该把学习的范围向生活、向社会拓展。

（二）淡化考试分数，全面了解考试情况

考试分数的高低并不能说明什么问题，假如学生考分很高，而班级平均分数也很高，就不应予以太多表扬。但有时候，或许学生只考了个及格分，而由于试卷难，全班平均分只有四五十分，就应该多些鼓励。

（三）要启发学生发现自己，不要盲目攀比考分

学生的学业成绩很大程度上取决于发现自己的程度，而不应该过分鼓励智力比赛，推崇谁得高分，谁就成功，更不要盲目攀比考分。

美国著名心理学家威廉·詹姆斯研究发现："人类本性中最深刻的渴求就是受到赞美。"作为正在成长中的学生，他们身上有不良习惯和弱点是难免的，包括一连几次的考试挫败，分数不理想也并不是不可饶恕的事情，实事求是地赞美他们，这将对学生的教育将起到事半功倍的效果。

（四）要提醒学生劳逸结合，让学生远离考试焦虑

有些学生晚上"跑场子"，忙于补课，回家以后再一盏孤灯"相伴到黎明"，第二天则是"眼朦胧，人朦胧"。班主任要做个有心人，适当关心一下学生的作息时间是否安排合理，否则往往当学生发现自己花了"九牛二虎之力"，成绩却并不冒尖，而考试屡屡挫败时，焦虑便陡然而生。要知道学习成绩并不是时间的堆砌，而要讲究效率，适当的休息可以补充学生的学习精力。所以，尤其是毕业年级学生，建议中午适当午睡一会儿，晚上利用做功课的间隙，适当翻翻报纸，听听新闻等，切忌搞疲劳战，导致恶性循环。

八、引导学生摆脱失败的影响

当学生陷入失败的阴影时，班主任应该与学生一起寻找失败的原因。告诉他，在成功的道路上不可能不经历失败，失败只是暂时的，失败可以磨炼一个人的意志，使人更加坚强。当学生面对各种挫折和失败时，不妨鼓励他们把挫折或失败当作人生的挑战，从中吸取教训。孟子曾经说过："天将降大任于斯人也，必先苦其心志，劳其筋骨，饿其体肤，空乏其身，行拂乱其所为，所以动心忍性，曾益其所不能。"班主任要引导学生学会正确对待失败与挫折。

以下提供几种具体帮助学生走出失败阴影的方法：

（一）合理发泄法

当学生陷入失败的痛苦之中时，最好能让学生把内心的苦水一吐为快，消极情绪在人心中压抑太久的话，很容易产生心理上乃至于生理上的疾病。合理的情绪发泄也有助于帮助学生摆脱情绪的困惑，走出失败的阴影。当然，情绪发泄时

也要注意度的问题，不可以乱发一气，以免给别人造成无谓的伤害。

（二）改变情境法

为避免再次给学生精神上的刺激，最好先让学生脱离失败的环境，换一个全新的环境，以此改变学生的心情。当然，要让学生彻底走出失败的阴影，光靠回避的方法是不行的，它只能暂时缓解痛苦，最终还是要学生自己面对，自己解决问题。

（三）注意转移法

如果学生一时不能从失败的阴影中走出来，班主任可以通过转移学生的注意力，诱导学生参加感兴趣的活动。

（四）成功体验法

如果学生在学习上屡遭失败，就会失去自信心，班主任可以创造一些有利的机会，帮助学生获得成功，以此改变其受挫心理和自卑感，使其对自己产生信任感和成功欲望，提高自信心。

（五）榜样激励法

作家海明威一生中经历的挫折和失败是常人难以想象的：他14岁学拳击，第一次训练时被打得头破血流，可是第二天仍然缠着绷带出现在拳击场上；19岁应征入伍，曾被炸成重伤，体内带有弹片230块，先后做过13次手术，可住院3个月后，他又上战场奋战，获得了英雄勋章；20岁后开始写作，写了12个短篇文章寄给报社竟被全部退回，以后他改写小说，同样没能发表……直到1926年，他的《太阳也升起了》才获出版，并开始被人们认可，成为专业作家。班主任可以通过这个故事告诉学生：人在走向成功的道路上总不是一帆风顺的，常常会遇到失败与挫折。有的人退缩了，陪伴他的就只有懊恼和痛苦；有的人善于从中吸取教训，悟出道理，从中磨炼意志。那么，失败就会转化为成功。

九、学生旷课、逃学要怎样解决

中学生逃课往往不是一种简单的原因引起的，班主任要冷静思考，慎重处理，切勿操之过急。

（一）中学生逃学的类型

1. 焦虑型逃学

这与家庭、学校、教师没有直接原因，只是在一段时间内学生一到学校就情绪紧张、注意力不集中，对学习的动力不足，志向迷茫。因此，常借故身体不好、家中有事而游荡在外。

2. 挫折型逃学

这是由于学生的知识能力薄弱，因学习困难而自卑忧烦，加上行为自控能力较差，逆反心理强，很容易被外面的各种娱乐场所、商场等吸引，因而利用上课时间到外面寻觅刺激。

3. 贪玩型逃学

学生受到父母的宠爱，吃喝玩乐应有尽有，物质享受并没有使他们热爱学习，反而使他们放任自流，养成贪玩的习惯，以致影响学习，由贪玩发展成逃学。

4. 从众型逃学

这类学生常常受到主动逃学学生的怂恿影响，盲目跟从。他们聚集在某个逃学学生家中或某个地方一起玩乐。这种结伴小团体型的逃学行为容易出现违法倾向，所以危害性也更大。

5. 被逼型逃学

父母对子女的期望值偏高，对子女的学习与生活方式采用高压管制措施，严重伤害青少年学生的自尊心，使学生产生自暴自弃心理，由厌学演变为逃学。

（二）中学生逃学原因

1. 学习能力薄弱

逃学者由于各方面能力弱，学习成绩差，对某些课程不感兴趣，觉得枯燥乏味，不想学，特别是随着知识难度的增加，学习上碰到困难时，讨厌做作业，怕上课，因而在学校里感到没劲，于是萌生了逃学的念头。专家研究表明，学习困难是滋生逃学现象的主要原因。

2. 人际关系不良

青少年（尤其是初中生）正处于结伴年龄，心理上渴望有几个合得来的朋友。但有的学生目中无人，蛮不讲理或内心孤僻，没有处理好同学之间的关系；有的学生对教师的班级管理、课堂教学、事务处理等有很大的意见。因讨厌同学、教师、学校环境，于是就用逃学的方式躲避，逃到社会上去寻找乐趣。

3. 家庭教育不当

家长对子女有的宠爱有加，严厉不足；有的专横独断，耐心不足；有的放任自流，缺乏关爱。这些不良的家庭教育方式都容易导致学生丧失自信，变得自卑而逃学。

4. 个性产生心理缺陷

心理学家指出，在人的个性心理中有的人主动性强，有的人主动性弱。逃学学生往往与他们缺乏主动性是有密切关系的。许多逃学的中学生面对学习上的困难，不是想怎样去克服，而常常一感到厌烦就想逃避。因此，逃学是学习上被动性的显著反映。

5. 价值取向消极

在初中阶段，外界的力量不再是有效推动学生学习的主要动力。他们把当前的学习与将来的前途联系起来，然而社会上总是有人抱怨知识贬值，读书无用，说什么读了大学连工作也找不到等。学生耳濡目染，必然会影响他们的求知欲，逃学便被那些感觉读书无用的学生当作了最好的摆脱烦恼的途径。

（三）中学生逃学行为的特征

专家对经常逃学的少年学生的表现进行了调查，概括出他们的逃学行为的 4 个特征。

（1）临近上学前，心情变得不安。如父母强制其上学，学生就会反抗。

（2）心情易变，行动异常。例如早上情绪不安，午后恢复正常，夜晚高兴地安心看电视了，可能在睡前已经下决心"明天上学去"，但一到明天早上，决心又不起作用了。

（3）生活习惯不正常。他们在上课、做功课时无精打采，而做其他事时，又变得十分轻松。

（4）缺乏主动进取的态度。喜开玩笑易受外界诱因影响，无长远目标，只求逃避眼前烦恼。

（四）辅导方法

综观以上学生逃学的原因、特征，班主任可以从以下几方面进行辅导：

1. 树立榜样，培养自尊心

班主任要加强学生自觉律己的教育，培养他们的自尊心、自信心和自制力。通过正面教育、言传身教的方法为学生树立榜样。

2. 稳定情绪，先辨明真相

发现学生逃学，班主任首先要从关心爱护出发，让学生在生活上、心理上稳定下来，切忌在不明情况下斥责、打骂，导致学生失去对班主任的信任，丧失对生活的信心和热情，甚至造成更危险的"离家出走"问题。班主任可以用闲聊的方式了解学生逃学的原因，然后有针对性地进行教育。

3. 家校联系，耐心疏导

这是克服学生继续逃学的重要防范措施，特别是在学生逃学"初期"。班主任与家长要密切配合，在学习上耐心指导帮助，培养学生克服困难的决心，安排学习好、态度好的学生与他同坐，指导他参加有趣的课外活动等。如果是由于同学关系、师生关系不好原因造成的，教师要帮助其及时排除矛盾。当他真正体验到班主任、教师的关心和信任，集体的温暖，以及自己在学习上的成功感时，便会自觉地改正逃学的不良行为。

第三节　关注学生的人际交往

一、中学生的人际交往

中学生普遍对友谊较为重视，向往许多知心朋友。不过，正所谓"近朱者赤，近墨者黑"。部分中学生却因为择友不慎而害人害己，平添许多麻烦。所以，恰当而谨慎地择友，对认知尚浅的中学生而言尤为重要。中学生在班集体组织的学习、劳动、游戏等活动中与其他学生互动时，具有一定的交往特征。一般由三个要素决定：其一是在具体交往情境中所持有的交往目的及其所发挥的作用，其二是现有社会地位和对交往范围内的承认程度，其三是自我评价与自我感觉的程度。

因交往目的而异，学生交往存在自由交往与角色交往之分。自由交往又是一种情谊性交往，是指学生完全根据自己的意志，通过选择同别人进行私人交往的活动；角色交往是指学生在正式场合扮演某种角色，担负着为他人、群体与集体服务的交往任务。

对一个学生而言，交往圈是指个人与常保持谈话交往的人群之和。因此，组成交往圈最基本的因素就是群体，如班级群体、小组群体、伙伴群体等。应当看到，在特定学生交往圈结构下，总会存在"最近交往圈"，其由被学生最愿意亲近的、能够感同身受的人群构成。一般情况下，学生会与"最近交往圈"的人群保持较高的接触频次，能够与之进行相对顺畅的精神价值交往，这对于学生个性的形成与发展具有较高的影响力。要改善学生"最近交往圈"结构，就要运用引导、矫正手段。

学生之间的互动交往是在一定的时空范围内进行的。交往的时间条件主要有：第一，具体时间范围：白天或晚上、课前或课后、班内或班外、校内或校外等；第二，进行互动交往的具体人物在不在现场，如教师、学生、家长或其他人员等的互动交往；第三，进行互动交往的频次；第四，互动交往的时间之长。

交往的空间条件主要有：第一，交往主体所处的广义空间，即学校与社区；第二，交往主体所处的狭义空间，即与交往主体有直接联系的空间，如教室、走廊、个人房间、校园一隅或街道一隅等。

学生交往以语言为主，语言作为交往工具，有表现、激励、描绘等诸多作用。语言之外的动觉语言、触觉语言等，也都是互动交往的重要条件。

当前，学生往往借助某种物质手段进行交际，如贺年卡、相片、书刊、文具、仪器甚至钱财等。学生交往内容是主体所交换的信息，包括认识性与情绪评价性，通常涉及以下几方面：

第一，与学生生活相关的重大事件，如学习成绩、班集体荣誉、好友近况、家庭变动等。第二，与学生生存相关的外在因素，如对象范畴、生活内容、生活方式与特定学习环境等。第三，与学生自身相关的内在因素，如自我形象、品行、社会地位、近期目标、未来就业、择偶标准等。第四，与学生情感印象相关的话题内容，如对某件事或人的态度、印象、感受、经历等。第五，与学生自身感兴趣的话题内容，如时尚话题、影视话题、流行音乐话题、体育竞技话题等趣闻轶事。第六，与学生所学的知识相关的抽象理论问题，如对人的本质、思维方式的思考探索、人生观和世界观等。当然，该方面组成具体交往内容的比例并不统一，这在很大程度上是由交往内容"主导身份"决定的，也就是在交往过程中，情感、理智占优势的部分，其决定交往主体的内部交往计划。第七，与学生学习生活实际联系较远的世界性难题，如科技进步、经济发展、核威胁、裁军、大气污染、生态平衡、战争与和平，人口问题、政局变动等。第八，与学生自身相关的伦理道德和社会进步论题，如人际互助与对立、利他和利己、异性关系、社会公正、民主和法治，褒贬传统、祖国未来等。

一般情况下，学生和身边人之间的互动交往都是通过谈话的方式进行。谈话分为内容谈话与外部谈话。作为互动交往形式，学生谈话又可分为四类，即礼节型、信息型、争辩型、坦诚型。

这四种谈话类型有两方面的特征：第一，后者谈话均比前者谈话深刻，也就是在交往层次方面呈现递进关系；第二，坦诚型谈话兼具礼节型、信息型与争辩型交谈特征。所以，谈话类型能从某种程度上体现交往深度。

心理学家研究发现，学生互动交往的结果，就是形成一定层次的人际关系，促使隶属群体的人际关系体系发生变化。这种关系的发展和变化必然会引起个体对自身地位的重新定位，以及自我角色意识的确立和完善。这时主体和主体间的互动交往就从外部、显现的一面完全变成内部、实质的一面。

由于以上各种结构要素在质和量方面存在着差异，由于它们相互之间的作用，它们特定情境中构成的系统，即学生的交往过程，就会呈现纷繁复杂的姿态。

（一）朋友要多层次、全方位

中学生要广交朋友，以便适应各个方面的需要。例如，结交能够当面指出自己过错失误的诤友；结交能够答疑解惑、少走很多弯路的良师；结交能够在危机中帮忙的患难之友；结交在文娱体育活动方面志同道合的娱乐型朋友等。这样，在交往过程中就会产生一种亲切感和信任感，从而使人际关系得到改善，为自身的成长和人格的健全创造有利的外在条件。

（二）中学生开展人际交往要掌握择友标准

例如，具有共同的志向、兴趣，高尚的美德，能够以心相见、以诚相待，老实可靠，刚直不阿，有深厚的知识，某方面比自身强等。他们之间的关系一般都比较疏远，彼此不可能建立起亲密的友谊。现实生活中同时具备上述几种条件的学生是很少的，而要想得到友谊，必须注意交往对象的选择，而不能盲目地追随别人，不然很难得到朋友。对某些个性、兴趣与自身择友标准不相符的人，也可以适当接触取得联系，这样既能让自己加深理解形形色色的人，发展同各类同学相处的技能本领，又可以弥补自身的缺陷，寻找可交之友。所以，我们对这些标准要灵活地把握。

（三）珍视友情，培养感情

我们在交往中，要学会换位思考，把对方当作自己的朋友来对待；无论何时，都应该善待他人、珍视友情；要善于发现和认识新朋友，建立良好关系。有人交朋友，犹如蜻蜓点水，或者猴子掰开苞谷，无法向纵深发展，安于现状，泛泛之交；有人交朋友见异思迁、喜新厌旧；有人对朋友的要求过于苛刻，不懂得与人交往是一种艺术，忽略朋友的感受，以自我为中心；有人交朋友过于现实，需要时是朋友，不需要时就成为过客，一旦有了点冲突，便翻脸变敌。这些都需要班主任及时加以提醒。

（四）正确地、透彻地理解彼此

我们和他人建立某种朋友关系，一定要立足于全面的、深刻的理解认识基础上。我们可以采用直接接触、侧面打听及其他各种渠道与方式，真正了解欲交朋友的实际品性或情况，确定其是否可以继续交往。

（五）结交朋友应主动出击，不应消极坐等

班主任应让初中学生明白，交友要求彼此之间进行双向交流和沟通。结交朋友必须具有一定的主动性，可以利用课下或其余时间和其他同学促膝长谈，相互交流信息，沟通情况、想法和情感，获得彼此的理解和信赖。

二、影响正常人际交往的心理障碍

班主任应告诉学生，在进行人际交往时，需要重视人际交往中产生的各种心理问题，常见的有以下几种：

（一）自卑心理

该心理常表现为对人际交往缺乏信心，总是过于贬低自己，总是认为缺乏成功的经验，即失败经验大于成功经验，失去交往的勇气与信心。

（二）恐惧心理

该心理具体表现为交往者与他人接触时，特别是在人多的场所或环境，就会产生一种紧张感、恐惧感，甚至语无伦次、不知所措。

（三）封闭心理

学生如果患有封闭心理，就会将自己真实的想法和感受全部隐藏起来，严重时会导致对任何人采取不信任态度，并对与之交往的人抱有强烈的戒备心理，由此导致人际交往变差。

（四）嫉妒心理

这类心理较为普遍，具体表现为对别人的长处、成就、优势等心有不满，语言中常以嘲讽甚至作出不道德行为加以抨击。

（五）猜疑心理

猜疑心理是指对别人言行举止敏感、偏执、不相信。

（六）自傲心理

该心理表现出不切实际地高度评价自己，在别人面前盛气凌人、自以为是，这些学生往往让其他学生陷入尴尬、困境之中，这种病态心理会严重地影响人际关系。

（七）逆反心理

逆反心理是指对交往言行不给予分析的批评、对抗与抗拒，致使学生间难以沟通。

（八）干涉心理

干涉心理是指对其他同学的事过于在意，表现在以询问、传播、干涉他人私事和秘密为关注点，由此造成他人的不满与反感，影响同学间的感情。

（九）猜疑心理

该心理指心存芥蒂，对别人的言行举止敏感、不信任，与他人产生隔阂感。

（十）敌意心理

该心理指将人际关系看成尔虞我诈的心理状态，因而无端地憎恨其他同学，甚至认为其他同学是在寻机陷害自己，因而逃避与其他同学间的正常人际交往。有此心理的学生，班主任应给予心理关怀和安慰。

三、改善师生关系

师生关系，即教师与学生之间的关系。无论是教师还是学生，都应该从自己做起，以增进双方的关系。从这一方面看，教师要居于主导的一面去自觉地改善这一关系。

（一）教师应该积极主动地与学生打交道

长期以来，"师道尊严"的观念让学生总有畏惧教师的心理。为此，教师应积极主动、热情洋溢地和学生打交道，与学生保持融洽的师生关系，可以经常与学生进行思想交流、一起参与文体活动等，如跳舞、歌唱、郊游、野餐、球赛等。

（二）教师应该关爱学生、尊重学生

教师在教学过程中，不应该只关注学生的"学"，还应该对学生的生活给予关怀。教师应该为学生的进步感到开心，应该为学生的失落情绪给予热心指导和安慰。好生也好，差生也罢，教师必须一视同仁地对待全体学生，给予相同的关怀，维护每个学生的自尊心。教师在教学过程中，一旦损伤学生自尊心，师生关系就会变得紧张，而自尊心强的学生感觉受到冒犯，在学习上就会采用破罐破摔的态度和自暴自弃的心态。

（三）教师应为人师表

教师教育学生有言传和身教两种方式。教师一定要重视个人的修养，提升自身魅力。教师语言应文明得体，不要说粗话和脏话，也不要吹牛和说谎。教师举

止应落落大方，不要轻浮害羞。教师着装应整洁合体，不要留怪发型，不要穿奇装异服，不要流于外表。

（四）教师应该具备丰富的学识、精湛的讲课艺术

教师在教学中应努力做到基础文化知识面宽，拥有精深的专业知识，如教育学、心理学知识，还应具有较高的语言表达能力、心理洞察能力，能利用教育规律对学生进行教育。教师借此提升个人魅力，让学生有一个良好的感觉，让学生乐于亲近你、和你交流。

（五）教师应该相信学生

信任对增进人际关系具有重要意义，教师对学生的信任度低，学生会觉得自尊心受到了侵犯，便会疏远教师，最终造成师生关系紧张。

（六）教师应该重视品德修养，树立良好的楷模形象

教师道德品质差，不可避免地造成学生疏离教师，致使师生关系变差。

学生也需要从以下几点改善师生关系：

1. 学生应该积极地和教师打交道

学生与教师互动，帮助教师掌握学生心理状态、学习状况。与此同时，学生与教师相处时，也更加理解教师，有利于消除师生隔阂。

2. 学生应该尊重教师

教师工作较为辛苦，他们渴望被理解、被尊重。若学生不尊重教师，以为教师讲课就是一种责任，本质是为获取经济利益，则会大大损害教师的自尊心和责任心。学生尊敬教师不应只是表面礼节，而是对待教师应彬彬有礼，积极热情地向教师问好，上课前保持讲台卫生干净整洁，课间把黑板擦亮，尊重教师的工作成果，课堂上认真听课，并且积极作答。尊重教师，不局限于表面上的彬彬有礼、热情洋溢，应体现为对教师职业和人格的尊重，切勿伤害教师自尊心，不要说侮辱性的语言。

3. 刻苦学习

学生通过刻苦学习，便会发现自身学习缺陷，期间还能及时获得教师的指导，如此良性循环，有利于改善师生关系。

4. 学生应该讲文明礼貌

有道德有纪律，消除极端个人主义思想，成为一名合格的学生。

5. 参加活动

师生可通过各种集体活动促进相互理解，增强师生间的情谊。班级开展的几项活动中，除班主任外，其他教师也可应邀出席，这样既能陶冶情操，又能活跃氛围，也能促进师生间感情交流与相互了解。尤其是艺术活动，可以强化师生心中的道德信念，让师生在情感上产生共鸣，以减少相互间的隔阂。

四、指导学生改善同学关系

同学关系是影响学生学习心理的重要因素，因此班主任有必要指导学生学会维护同学关系，具体可以从学生心理方面入手。

心理情绪或行为反应会影响自身与他人的关系变化，对初中学生而言，常见的危害同学关系的心理情绪包括：自私、逆反、嫉妒、自卑、苦恼、虚荣、疑虑、愤怒、忧愁、羞怯和过度紧张等。

自私心理在中学生群体中较为常见，自私心理主要是指个人对他人利益不管不顾，即个人利益大于一切。当要求中学生维护他人或集体利益时，中学生个体常会表现一种推脱或敷衍等消极态度。自私心理是刺激嫉妒心、虚荣心、任性、虚伪等不良心理形成的主要诱因。针对中学生的自私心理，班主任应该及时与学生家长和学校教务管理部门沟通，帮助中学生克服、消除这种不良心理，以免发生各种不良后果。

当中学生群体逐步形成独立性或闭锁性心理时，就会产生与家长或教师对立的行为反应，也就是常见的逆反心理。一旦中学生拥有逆反心理，他们就会表现出极端的态度或行为，如对家长或教师的谆谆教诲表现出极端冷漠的态度等。这种逆反心理是不利于学生身心健康发展的。

部分中学生还会对他人产生嫉妒心理，这种心理表现为一种不服气或不友好的态度或行为，具有较强的指向性特征。例如，当班级同学获得地位、名誉或成绩进步等情况时，个体就会对此表现出不屑甚至是敌对的态度。究其原因，这种心理倾向是由竭力维护自身在他人心中的优越地位而导致的。如果班主任不能及时发现和处理学生的嫉妒心理，那么就会影响班级氛围和学生个人健康状况。

自卑心理，即个体对自身能力行为或品质水准过于贬低，从而不敢面对现实境况或理想目标。自卑心理属于性格缺陷，当学生不间断地产生消极的自我暗示心理时，就会产生自卑心理。这种心理以缺乏勇于挑战各种目标的信心为主要特征，常见的自卑心理包括：胆小、怯懦、孤独、沉默寡言、社交活动能力差、缺乏积极进取心理意识、整日沉湎于颓废状态等。初中班主任如果不能帮助学生克服自卑心理，那么就会影响学生的学习成绩和生活态度，甚至对班集体产生不利影响。

羞怯心理，即缺乏社会交际的勇气。这种心理常会造成中学生个体敏感、胆小、紧张，导致无法施展正常本领。当中学生处于思想紧张的状态下，其自身的思维运转能力就会降低，进而束缚自身外在的行为。

苦恼心理，即外在客观因素对内在主观心理的影响。苦恼心理属于一种不愉快的情绪，面对学习或生活中的不顺心或麻烦事情，常会表现得怨天尤人、苦于自身无力等。初中班主任如果不能有效疏导中学生的苦恼心理，那么就会影响中学生的精神意志，导致学习成绩下降。

封闭心理主要体现在两个方面：一是怕被他人算计，对自己闭口不谈，怕和他人来往；二是学习时间过紧，没有时间和别人交往，即常说的"两耳不闻窗外事，一心只读圣贤书"。

虚荣心理是自尊心扭曲的表现，即追求与自身客观实际相背离的虚假荣誉，通常称为"死要面子"。虚荣心过强的学生，常常不敢面对自己的缺点，用自己的优点来比较他人的缺点，从而轻视他人，不能够虚心学习，拒绝他人的帮助，难以处理好同学关系。

疑虑心理最有害之处，就是让人们长时间地陷入"疑神疑鬼"般的心境之中。这类人常常怀疑他人算计自己，对他人处处警惕，害怕和他人来往，导致情绪不稳定、同学关系紧张甚至敌对等一系列问题，严重地影响中学生参与集体活动以及同学间的正常互动行为。这种心理严重时可让学生处于消极、痛苦之中，甚至产生憎恨和敌视他人的心理状态。生气是一种情绪的迸发，当人们生气的时候，交感神经就会兴奋，肾上腺素分泌量就会增多，心跳就会加速，血压就会升高，记忆力就会下降，头脑思维意识就会模糊，认知的范围就会变小，失去理智，造成情绪低落。

忧虑心理，就是因不满现状、担心将来所产生的感情体验。它会使人精神抑郁、意志涣散、注意力不集中、胆小怕事、自暴自弃等。

任性心理，就是初中生不顾及别人的想法和后果，轻率地考虑好与坏、大与小，唯个人所思所想而无拘无束，别人劝阻批评帮助很难见效。心理学家经研究认为，任性虽跟先天遗传因素及精神类型相关，但后天环境及教育才是形成任性的关键因素。就像"自私"，其养成和前期家庭教育息息相关，家人过度宠爱或者严加管教，都会造成任性。

报复心理主要表现为三种情况：一种是对憎恨冒犯自己的人而伺机报复，一种则是对某事业者怀恨在心、伺机报复，还有一种是以敌视态度伺机报复周围的人。

过度紧张心理，就是精神紧张突破了一定的界限。它导致高级神经系统兴奋与抑制过程紊乱，产生失衡，造成一系列心理异常，如心慌不安、兴奋易怒、思维和记忆准确度下降、分析综合无法正常开展等，长时间过于紧张可引起精神分裂症。

从上面可以看出，由于心理不健康等因素而产生的一系列生理、心理变化，极大地损害了正常学习，使学习效率、学业成绩下降。与此同时，这一切不健康的心理也在不同程度上危及着同学关系。所以，每一个学生都应主动自觉地去克服这些不健康的心理，力求养成豁达的心胸、平和的心态、慷慨的风度，应该互相信任、团结和交往。

总之，融洽和谐的人际关系对于每位中学生都很重要。在互相交往时，班主任应引导学生随机应变，妥善解决问题，务求营造一个有利于学习的人际环境。

第三章　初中班主任日常管理

班主任的管理工作是科学和艺术的结合。人是复杂多样的，处于青少年阶段的中学生敏感而多变。在严格制度化的管理基础上，还需要班主任更多地展现教育的智慧。本章主要介绍了初中班主任日常管理，分别从初中班主任日常管理的方法技巧、工作理论策略支撑、组织协调三个方面进行论述。

第一节　初中班主任日常管理的方法和技巧

一、小组合作日记在班级管理中的运用

很多班级都有班级日记，用来记录学生每日在校的学习、生活情况。但班级有几十名学生，一篇日记很难把所有学生的表现完全记录下来，而实施小组合作日记管理法，就可以取得较好的效果。

（一）小组合作日记的构思与应用

根据同组异质、异组同质的原则，班主任把学生分成 12 个小组，每组 6 人。每组设组长一名，配备一个精美的日记本，封面上书写小组名称和组长姓名，第一页书写小组成员姓名、家长联系电话和组训等内容。

小组合作日记由三部分组成。

第一部分由一名学生每日书写记录。一是记录组内每个同学当天的表现情况，包括家庭作业完成情况、课堂表现、卫生保持和临时任务完成情况，并写出个人看法；二是记录当天发生在小组内最令人高兴的一件事，分享快乐；三是记录最让人不开心的一件事（有则写，没有则不写），便于教师和家长及时帮助解决问题。

第二部分由家长书写记录。每天晚上，学生写完小组合作日记后将其交给家

长。家长首先阅读孩子记录的组内情况，然后和孩子交流看法，最后写出对全组同学或组内某个同学的建议。

第三部分由班主任书写记录。第二天早上，班主任把各小组的合作日记收集起来批阅，写出评语，评定等级，利用早读时间交流点评，及时表扬表现好的小组，然后把日记还给各小组，由下一名学生接力记录。

（二）写小组合作日记的效果

写小组合作日记，可以达到以下效果：

1. 激发学生的合作、争先精神

写小组合作日记让每个学生主动关心自己、关心他人、关心小组。每个学生都是小组的主人、小组的管理者。每天负责写小组日记的学生，除注意观察所在小组同学的表现外，也会关注以往日记中同学对自己和他人的评价，从而发扬优点，改正缺点。同样的话语，出自教师之口，学生也许会当作耳旁风，而对小伙伴的评价他们却比较在意和容易接受。写小组合作日记的过程，是学生自我反省、相互学习、相互帮助的过程。这极大地提高了学生自我管理和管理他人的能力，有效地激发了学生合作、争先的精神，增强了小组的凝聚力。

2. 调动家长参与管理的主动性

每位家长都愿意随时了解孩子的在校表现，只是因为工作繁忙，常常不能做到。实施小组合作日记以来，每位家长几乎每周都能看到自己孩子所在小组的合作日记，从中了解小组及其成员情况，了解到同学和教师对孩子的评价，这调动了家长参与班级管理的主动性和积极性。家长通过阅读小组合作日记，了解了孩子在校的表现和优点、缺点，能够及时和孩子交流沟通，及时帮助孩子解决问题。家长的参与不但能教育、指导自己的孩子，而且能启发小组其他同学及其家长，实现家校共育。

3. 提高班级管理的时效性

写小组合作日记，提高了班级管理的时效性。每天早上，班主任集中批阅小组合作日记，写评语，评定等级，点评交流。对小组合作日记中的好人好事以及有进步的学生，及时表扬；发现问题，及时过问并处理；对家长的寄语感言，及时读给学生听；对家长的建议，及时采纳。

一本看似简单的小组合作日记，有效地架起了学生、家长和教师交流沟通的桥梁，提高了班级管理的时效性。

二、自习课有效管理五策略

在自习课的管理上有五个较为有效的管理策略，实践效果不错。

（一）制定班级自习课管理制度

班主任可通过班级议事的方式制定自习课管理制度。原因主要有两点：第一，现在的中学生民主意识越来越强，如果由教师单独决定，一些学生会认为自习课管理制度是教师强加给他们的，在执行上会打折扣；第二，自习课管理制度涉及每个学生的切身利益，仅仅由教师个人决定，容易考虑不周，制定出来的管理制度也会有不尽合理之处。

班内成立由班主任、科任教师代表、家长代表、班干部和学生代表组成的班级自习课管理制度制定委员会（简称"自委会"），负责自习课管理制度条例的审核、修订和完善。首先，全班学生、班主任、任课教师和家长从不同角度提出自习课管理条例，提交给自委会。其次，由自委会进行整理和分类，并进行公开、民主的班级议事，让学生充分参与讨论和发表意见。初步协商后，再对条例进行完善，并让全班学生投票，票数过半的条目被采纳，作为试用条例；未过半的条目，交自委会集体审核，从中选出 5 条好的条目作为试用条例。试用期为一学期，在执行过程中学生随时可以向自委会提交意见。自委会定期召开讨论会，根据学生的意见对条例进行修订和完善，并及时公示。学期末，根据实际情况由全班学生对试用条例进行投票表决，通过后即成为本班正式的自习课管理制度。

（二）建立有效的自习课班干部协同管理机制

实践证明，如果晚自习仅仅由纪律委员或当天值日的班干部独自管理，效果往往不佳，特别是有些班干部个人威信不高，会有个别调皮学生不服从他们的管理甚至故意捣乱，自习课纪律会受到严重影响。

班主任可以采用建立自习课班干部协同管理机制的方法，建设一个有凝聚力的团队。当扰乱纪律的学生不服从班干部管理时，其他班干部立刻集体声援那个班干部，并形成协同管理的态势。在此情况下，即使再调皮的学生也会有所收敛。

为了让学生学会换位思考，班主任可以特意安排每个学生当一天值日班长，让他们感受管理者和被管理者的不同体验，理解和接受班干部的管理。

（三）利用集体的力量约束个人

在班级管理中，集体荣誉感往往可以起到凝聚人心的作用。班主任在班级建立了小组自习课纪律周考评、月考评和期末考评的竞争机制，每周评出纪律优秀小组，并在班级公示栏公示。优秀小组不限名额，如果所有小组都表现优异，均可以评为优秀小组。优秀小组的全体成员都能够得到个人综合考评量化加分；如果小组一个月内获得 4 次优秀，小组所有成员在下个月会得到 2 次特别请假权；获得学期优秀的小组还会获得荣誉证书和物质奖励。这种做法达到了运用集体力量约束个人的目的。

（四）培养学生自主学习的习惯

一些学生之所以在自习课上说话或者做其他与学习无关的事情，是因为缺乏良好的自主学习习惯，不知道自己该做什么。如何才能培养学生的自主学习习惯呢？班主任可以采取帮助学生制订短期学习目标的方式，如第一周要掌握哪些方法、做多少题目、下一周要记多少公式等方法，让学生在每一个短期时间内都有明确的学习目标，一步一个台阶。在班主任的不断引导下渐渐体会到进步和成长，感受到真实的收获，逐渐培养出自主学习习惯，并懂得在自习课上珍惜时间，实现一个个目标。这种方法坚持一个学期，自习课的纪律问题自然迎刃而解。

（五）加强个别学生自习课管理和教育

每个班都存在极少数特别喜欢说话、捣乱的学生，对这样的学生批评轻了不起作用，批评重了可能会引起对抗。因此，对他们的管理要讲究技巧。管理方法是威严在手，温言在口。威严是为了对他们起到威慑作用，温言是让他们知道教师是在好言相劝。在教育这些学生时，教师可以在全班同学面前给他们留足面子，在指出他们的问题时会说："娃是个好娃，就是喜欢说话。"教师在教育过程中既肯定他们的品质不坏，同时也指出问题所在，要让他们知道教师从心里认为他们是好学生，只是有缺点而已。这样他们比较容易接受批评，同时也为接下来的交流做好铺垫。另外，班主任还会与这些学生进行积极深入的交流，弄清楚他们不安心上自习课的真正原因，然后根据具体原因引导他们合理安排自习课时间。

三、班级卫生管理

从卫生打扫到卫生保持是一个过程。在实际工作中，许多班级在卫生打扫上投入了大量时间，却没有出现常态化的"窗明几净"。究其原因，与大多数班主任和学生只重视卫生打扫，不重视卫生保持有较大关系。

（一）归因

卫生打扫，是要把班级的校园卫生责任区、教室打扫干净，是一个由脏到净的过程。卫生保持，是要保证校园、教室里不再出现人为制造的垃圾，是一个由净到"常态的净"的过程。卫生打扫、卫生保持都追求校园、教室里没有垃圾。从难度上分析，卫生打扫的难度低于卫生保持；从完成时间上分析，卫生打扫的时间比较集中，卫生保持的时间比较零散。

有些学校管理者、班主任尽管意识到卫生保持的重要性，往往也只要求学生在某个课间、中午等特殊时间段里，快速地去捡拾卫生区里的垃圾。这实际上还是卫生打扫行为，而不是卫生保持行为。

目前，班级授课制依然是我国中小学校教育的基本形式。

一般情况下，大多数班主任都会把打扫卫生安排在第一节课上课前和放学后。由于学生早晨忙着交作业、准备上课，时间比较仓促，卫生打扫往往不够彻底。放学后，学生投入了大量时间、精力打扫卫生，打扫质量很高。在一天中，学生在卫生保持上投入的时间比较少，甚至是不投入时间。

卫生保持与学生的自治能力有很大关系。一是对值日生的自治能力要求较高，他们要有效地选择卫生工具、卫生保持方式等，还要敢于提醒那些乱扔垃圾者带走垃圾。二是对普通学生的自治能力要求较高，要求每个学生能有效控制自己的行为，不随意扔垃圾。学生的自治能力参差不齐，难以要求人人都能有效地控制自己的行为，保持好卫生。另外，对卫生工作的结果，大多数班主任只关注班级卫生工作被扣分的现象，并分析给班级综合评估带来的负面影响。很少有班主任根据卫生工作的结果思考如何保持卫生，教学生怎样根据卫生区的环境特点选择或自制卫生工具，怎样找到卫生区的死角。

此外，卫生保持做得不好，还与激励措施不当、惩罚方法失效、班级环境文化建设不到位等因素有一定关系。

（二）求解

实践证明，凡是卫生工作比较好的班级，大多在卫生保持上下足了功夫。因此，班级卫生工作的努力重心应该是卫生保持，而控制垃圾产生是卫生保持的重中之重。如果卫生区、教室里没有垃圾，那还用师生去打扫吗？因此，卫生保持，重在控制垃圾出现的源头。

师生是垃圾出现的源头，只有规范师生扔垃圾的行为，才能有效地控制垃圾的出现，校园、教室才能净化、整洁。保持卫生区、教室整洁，不仅是为了净化环境、美化环境，为学生的身体健康着想，还是对学生进行卫生教育、审美教育和修身教育的过程。

（三）实践

做好卫生保持，可以从以下三个方面切入：

1. 提高师生规范扔垃圾的自觉性

班主任要提高学生的审美素养，开设卫生教育课，引导学生定期剪指甲、理发，勤洗澡，保持校服整洁，在保持个人卫生、班级卫生的过程中培养学生的审美素养。

在设施支持方面，首先，班主任在美化教室的墙面时，要尽量选取经久耐磨的材料，这样便于打扫，也能避免教室墙面出现一碰就碎、一擦就掉色的情况。另外，学生保持卫生不彻底，也可能与不便打扫有关。所以，桌椅、花盆等物件的摆放，除了美观外，要留出足够的空隙，以能轻松地把扫帚、拖把伸进去为宜。教室和卫生区尽量不要出现大型物件，这样便于轻松地实现移位式打扫。

2. 注重良好卫生习惯的养成

班主任要重视学生卫生保持习惯的养成。班主任从起始年级开始，就要注重学生卫生保持习惯的养成，可以以两周为一个监督周期、分析周期，让学生在短时期内养成某一项卫生保持习惯。

班主任要重视班干部卫生检查习惯的养成。班主任要引导班干部在固定的时间、固定的地点检查卫生，反馈卫生保持情况，让学生意识到卫生保持工作"有人管""管得细"。

我们要重视班主任示范习惯的养成。首先，班主任每天上课前后，坚持打扫讲台附近的区域。其次，班主任要养成随时捡拾废弃物的习惯，在教室里走动时，一旦发现废弃物要及时捡起来。最后，班主任、任课教师不制造废弃物：班主任要将自己上课时用过的废弃物带走；协调任课教师，杜绝任课教师扔废纸；使用吸尘板擦来擦黑板，尽量不使粉尘飘落；协调任课教师尽量将粉笔头放入固定的盒子中。

3.建立卫生保持监督机制

（1）健全卫生保持岗位

班主任要设立卫生委员、值日班长、值日组长等学生管理岗位，并规定具体的检查、反馈、督促职责，让班干部在具体的时间完成卫生保持管理任务，并把管理结果及时公示出来。在检查与反馈中，我们要找出垃圾出现的源头。卫生分工明确的基本要求是不留下卫生保持的交叉地带或死角，分工要具体到哪几块地板砖、哪一根灯管儿、哪一个开关等；每个学生的座位附近的卫生包干区域也要划分清楚。

（2）卫生保持标准明确

卫生标准要既便于学生实现，也便于班主任、班干部检查。如黑板擦到什么程度算干净、窗帘干净到什么程度才算达标等，都要由班主任与学生共同制定，并在实践中不断完善。

（3）卫生保持制度明确

首先，禁止学生把外来废弃物带入教室。其次，不允许有乱扔垃圾空间，只配置扫帚、簸箕等卫生打扫工具，班级内不设垃圾桶，以免学生向垃圾桶中扔垃圾；学生的水杯统一放到教室后面的壁柜里，或找一个固定的地方放好，以免学生坐在座位上喝水时洒水，导致学生踩踏后将水渍带到教室的其他地方；学生把废纸、用坏的文具、零食袋等统一扔到学校放置的大垃圾桶内，或者放在自己准备的垃圾袋内随身带走；提醒学生每天利用固定时间清理书包，及时扔掉废弃物；可以请心灵手巧的学生制作一些纸盒或其他装置，用来装铅笔屑、学生要扔掉的橡皮泥等小型废弃物。最后，教师及时清理自己带来的垃圾。

（4）卫生保持数据齐全，基于数据分析寻找垃圾出现的源头。

首先，班主任要从多个层面收集各种卫生数据：学校层面，收集学校公布的卫生保持量化分，日常检查、卫生大扫除、专项卫生整治等各类检查的每次检查结果都要收集，学校作出的一些惩罚、表扬通报也要收集；班干部层面，收集班干部每天检查各个小组的卫生保持情况的数据，也包括班级作出的一些惩罚、表扬通报；教师层面，班主任收集自己在检查中发现的一些问题。

其次，班主任在收集相应数据后，要全面分析丢分的地方在哪里、原因是什么，班级卫生保持工作是否存在漏洞，如有漏洞怎样弥补等。

（5）卫生保持时间要明确

首先，要明确集中打扫卫生的时间表。比如，早晨几点前完成卫生打扫，放学后几点前完成卫生打扫，课间十分钟及时捡拾座位附近的废弃物等。其次，确定个人的卫生保持时间表，班主任应引导学生根据班级的时间安排和自己的实际情况，确定个人的卫生保持时间表。

第二节　初中班主任日常管理的策略

一、了解学生的策略

（一）了解和研究学生的内容

1. 了解和研究班集体的情况

（1）如果班主任接的班是起始年级，了解的内容有以下几项：

①学生的总人数、男女生比例和学生的来源。

②学生的思想状况：共青团员人数及所占比例；当过班干部、团干部、少先队干部的人数及所占比例；被评为校级以上三好学生的人数及所占比例；获得过班级和校级各项奖励的人数及所占比例等。

③学生的身心健康情况：具有各种心理障碍（包括存在紧张、焦虑、忧虑、狂躁、恐惧、敌对等心理障碍表现）和身体疾患（包括慢性疾病、眼睛疾病、残缺等）的人数和所占的比例。

（2）如果是中途接班，班主任不仅要了解以上几种情况，还要了解原班集体具体的发展情况。其主要内容有以下几个方面：

①班委会、共青团及少先队组织的情况，其中包括干部队伍是否健全、素质水平如何、工作是否积极主动、团结合作精神是否较好、存在哪些需要解决的问题等。

②班集体和团队组织过什么活动，对学生素质的可持续发展起到了什么作用，还有哪些需要解决的问题。

③共青团员和干部能不能发挥模范带头作用，还存在哪些问题。

④学生对班集体目标、班集体规章制度、班风要求的认同情况怎么样，为之达成所付出的努力情况，是否有归属感、荣誉感和责任感。

⑤学生间的人际关系情况怎样，是否能够互学互助等。

（3）分析班里的优势与劣势。上述情况了解清楚以后，班主任还要进一步分析研究班里的优势和劣势，并据此思考如何利用这些优势克服劣势，选择班主任工作的策略。生源好和比较好的，其优势与劣势也各不相同。如生源好的，班主任要分析研究以下几种情况：

①了解男女生的比例，分析男生女生间的个性差异，研究怎样发挥男女生不同的优势，以实现优势互补。

②班里的团员、干部、三好生的比例较大，说明班里骨干力量多、思想状况好，有利于班级团队干部队伍的组建，能尽快形成班集体的领导核心。但是，也容易出现另一个问题：原来当过班干部的，现在很可能名落孙山；原来经常被评为三好学生的，到了这样的班里，很可能沾不上边。因此，这部分学生可能会产生失落感，如何疏导他们的思想，不能不引起班主任的重视。

③学生入学成绩好，学习目的明确、积极性高、学习方法得当这种优势自然十分明显。如果是生源差的班级也应根据上述三项内容找出优势和劣势，以便有针对性地开展工作。

2. 了解和研究学生的个体情况

了解学生个体，其目的在于构建和谐的师生关系，实现因材施教，促进学生素质的可持续发展。需要了解的内容有以下三个方面：

（1）学生个人的一般情况

学生个人的一般情况包括以下几项内容：

①思想品德情况

学生对国家大事的兴趣以及认识；对劳动、社会活动和班集体工作的热心程度；与人交往的态度（诚实、礼貌、尊重人）；在公共场所的文明行为。

②学习情况

学生的各科成绩，对哪一门学科最感兴趣或最感到头痛；有无良好的学习习惯和较科学的学习方法；是否敢于质疑问难，能否独立提出问题、分析问题、解决问题；能否合理安排学习时间，学习实效性怎样。

③身心健康情况

学生的身体健康状况，比如身体发育，包括体形、心跳血压、肺活量、用脑卫生等内脏机能情况以及性发育情况、体质和健康水平，对体育锻炼的态度和习惯，个人卫生情况等；心理健康状况，如有无某种心理障碍，心理承受能力如何等。

④学生个人成长经历

学生有无影响其成长密切相关的条件（好的、不好的）；生活习惯如何，其中包括劳动习惯、饮食习惯、卫生习惯、花钱习惯等。

（2）了解和研究学生的年龄特点和心理特征

学校教育的对象是人，需要保证社会对教育的要求得以顺利完成，以促进年轻一代身心健康的成长与发展，还要从年轻一代身心的实际情况出发，适应他们的身心发展规律。中小学学生由于其年龄特点以其形态、生理、生化、内分泌以及心理行为的突变为主要特征，他们的身体各系统都经过一个巨大的变化。尤其是生殖系统，它是全身最后发育的一个系统，在青春期迅速发育而达到成熟。由于这些变化太剧烈、太迅速，容易使其身心处于一种极不平衡、不稳定的状态，易产生短暂的问题。

中学生跨越两个年龄阶段，一个是少年期，一个青年初期。这两个年龄阶段的学生其心理状况正好是一个矛盾较为集中和不稳定的时期，也是给学生带来心理问题较多的时期。因此，作为班主任必须深入地去研究所任班级学生的年龄特征和心理状况。班主任还必须去研究学生的生理特点，所开展的各种活动应该符合学生的生理卫生要求。班主任应结合学生的年龄特征去指导学生的各种活动，及时纠正学生的不良行为习惯。[①]

中学生由于身体突飞猛进的发展变化，相应的心理也经历了一个巨大的变化。几乎是在短短的几年里，少年突然发现自己变成"大人"了，"成人感"意识出现了，特别是智力的发展。这种心理状况的变化可以简单地概括为：他们似乎处于一种"混乱"的状况，具有很大的不稳定性，处在一个多种矛盾之中。主要的矛盾有：第一，独立性和依赖性的矛盾；第二，社交的需要和社交能力不高的矛盾；第三，活动的范围增大和认识水平不适应的矛盾；第四，对未来的向往和现实状况的矛盾。班主任要不断学习教育科学的理论知识，认真研究学生的生理和心理特征及发展变化。特别是要加强对学生进行生理卫生和心理卫生的指导教育，这也是班主任不容忽视的工作。

（3）了解学生的个性心理特征

这是一个较为复杂又非常重要的内容，是班主任能不能很好地履行班主任职责的最关键一环。个性就是指一个人经常表现出来的、较为稳定的、具有一定倾向性的、本质的、心理特征总和。这其中包括：倾向性的心理特征，比如兴趣、需要、动机、理想、信念、世界观；差异性特征，比如性格、气质和能力；意识性特征，比如自我调节、自我控制和自我完善等。

总之，了解班集体就是要得到全班学生的一般情况，学生的德、智、体发展的全貌以及班风与传统等。了解学生的个人情况，主要包括个人的兴趣、爱好、学业、品德、身体等德、智、体全面素质发展及在家庭中的地位与社会交往情况。作为班主任既要了解每一个学生的特点，又要了解班集体的情况。一般情况下，了解学生个人是了解学生集体的基础，了解集体又对更深入地了解学生个人有益，两者是互相联系、缺一不可的。

（二）了解和研究学生的原则

1. 全面性原则

了解学生必须力求全面，只有全面才能对学生的发展水平作出准确的判断，

---

① 金效奇.班主任工作策略研究 [M].长春：吉林人民出版社，2020：50.

才能在制订班主任工作计划、选择教育方法时有正确的依据，才能真正做到"因"材施教。

全面了解学生要注意以下几个方面：

（1）对象的全面性

了解的对象必须是全班所有的学生。班主任不但要了解学生中的骨干和积极分子，也要了解一般学生和后进生；不但要了解各方面表现好或比较好的学生，也要了解某方面表现较差的学生。总之，班主任要对各种类型的学生进行全面地了解，并做到实事求是，不偏听偏信。

（2）内容的全面性

全面性包括学生情况的各方面，即根据教育目标和班主任的期望，对学生德、智、体、美、劳及心理都进行认真、仔细和全面的了解，这在前文"了解的内容"中已经做了交代。只有全面，才能防止以偏概全，才能防止一种现象掩盖另一种现象，才能使班主任的教育引导做到有的放矢，才能促进学生素质的可持续发展。

（3）影响源的全面性

学生的成长与其所处的环境有直接关系，对此班主任必须做全面的了解，如学生家庭环境情况，有利于班主任利用家庭和社区的积极因素克服消极因素；有利于有针对性地指导家庭教育；有利于对不同家庭的学生进行相应的帮助。[①]

（4）学段的全面性

学生的全面发展是持续的，从小学到初中、高中，每一个学段的具体情况都属于班主任的了解范围。班主任既要了解学生过去的表现，也要了解学生的近期表现。只有这样才能做好中小学或高初中的衔接，以发展的眼光对学生进行教育。

2. 及时性原则

从了解和研究的时间要求方面来看，班主任做工作应该及时。班主任通常在刚接手班级工作时，就必须尽快了解、研究班级和学生的基本情况，及时进行分析，尽早提出针对班级工作的计划和设想。班集体和每个个体的学生的发展阶段并不相同，当他们出现一些问题时，班主任要及时了解掌握情况，发现问题源头，防微杜渐。

---

① 金效奇. 班主任工作策略研究 [M]. 长春：吉林人民出版社，2020：51-52.

3. 经常性原则

了解学生是贯穿班主任工作始终的一项重要工作。之所以要坚持经常性，有以下原因。首先，学生的发展是动态的，他们各方面的情况，都在随着年龄、年级的变化，导致生理的、心理的变化以及由此引起的兴趣、需要、动机、理想、信仰等一系列变化。不经常对这些变化进行了解，就会丧失工作的针对性和科学性。其次，影响学生思想品德、学习动机的家庭、社会环境也在随时变化着，不经常对这些情况进行了解和研究，就很难作出及时正确的应对和妥善的安排，就可能使班主任工作陷入被动。经常性地了解学生，能使班主任形成发展的观点，更加客观、科学地分析学生，始终保持清醒的头脑。

4. 公正性原则

班主任在工作中对任何学生和事情应当公允、平等、正直，要一视同仁、公平合理，不能因感情因素而抱成见、拉关系，特别是面对优秀生和后进生时，应尤其注意细枝末节，才能获得对学生提出教育的权利，受到学生的拥护。大部分学生在学校里，都有希望受到关注、获得尊重、取得成功等方面的心理需求。班主任需要意识到学生这种迫切的心理需求，也要对此给予充分的理解和支持。在这里，公正地对待所有学生就显得尤其重要。不管是成绩好的，还是成绩差的；不管是守纪律的，还是经常调皮捣蛋的；不管是招人喜欢的，还是不那么招人喜欢的；不管是做事认真仔细的，还是马马虎虎的……班主任都必须公正地对待，要有同样的笑脸。班主任还需要积极发现学生的优点，特别是那些在各方面都表现得相对较差的学生们的优点，要及时表扬以及肯定这类学生。这样才可以帮助班主任真正走到学生心里，真正了解学生的心中所想，也才能真正发现学生最真实的那个自我。

5. 真实性原则

了解学生获得信息必须是真实的。真实的信息才是教育针对性的起点，真实的信息才是因材施教的基础。为获取真实的信息，班主任要树立民主的思想，并努力做到以下几点：第一，要尊重学生的意愿。了解学生要从他们的心理特点出发，尊重他们的真实意愿，即便这种意愿与中小学生日常行为规范或传统美德不相符合，但必须深信这种第一意愿是最真实的，必须认真听，让他们把话说完。真正的智者，应当首先肯定学生说真话的行为是诚实的表现，然后再去研究教育的对策，否则就会弄巧成拙，甚至事与愿违。第二，要接纳学生的不同意见。真实的德育应以人为本，班主任应以开明的态度、多元的德育观念，允许不同的价值观并存，并提供足够的自由表达与争论的机会，使学生真实地袒露自己，自由地伸张个性。班主任不能压制不同意见，否则会使学生用班主任喜欢听的话来迎合班主任，这样说真话的会越来越少。第三，要做学生真诚的朋友。做学生的朋友，可以使学生向教师敞开心扉，把真实的想法向教师倾诉，从而避免说假话的现象。既然是朋友，教师就要用民主平等的态度和学生交流，尊重学生的意见、人格。第四，要多倾听学生的心声。在了解到学生内心所想后，不要急着以成年人的道德判断去评价学生的想法，这样会犯"以小人之心度君子之腹"的错误。班主任能够倾听且倾听后可以做到尊重学生，学生才会更有表达自身想法的勇气。倾听是理解、尊重、接纳、期盼，倾听就是爱。

6. 宽容性原则

班主任最重要的工作就是教书育人，这就与学生细致微妙的内心世界有关联。学生的年龄特征以及认知特点要求班主任要设身处地站在学生角度想问题，宽容地对待学生，这样才可以有针对性地做好教育学生的工作。宽容是有着神奇教育效果的。但是宽容也不是放纵，它以严格的要求为前提，该严的则严，该松的则松，做到严而有度，宽而有节。遵循宽容性原则，班主任要注意以下几个方面：

第一，要在时间上宽限。学生犯错误时，班主任要做到：课上出现的问题尽量课后处理；公众场所发生的问题尽量在个别场合处理。这样可以保护学生的自尊心，也可以给学生时间思考自身的问题，最后实现学生的自我纠正。

第二，对待学生的态度要宽容。有些学生犯了错误，态度不端正，固执己见，甚至会出言不逊冲撞班主任。此时的班主任不可以发火，要宽容的对待学生。就算有些学生犯的错误不在班主任的意料之中，甚至会伤害到班主任的自尊心，班主任也应该控制情绪，不能够挖苦、中伤学生。

第三，在认识层面上也要宽容。有些学生，班主任强调过后的问题他们还会再犯，有些学生在最不应该犯错的时候出现问题。面对这种情况，班主任不要认为学生是故意为之，并且不原谅学生的举动，应该静下心来具体问题具体分析，在思想层面上宽容对待学生，这样才会起到良好的教育效果。

第四，在条件方面也要宽容对待学生。应该给学生犯错误的"条件"，给每个学生的缺点留有一些余地。假如班主任要请学生家长来校，学生自然会向班主任求情，只要学生展示出了认真改过的诚意以及决心，班主任就应该作出让步。

第五，在事情处理方面也要宽容对待。学生犯错误后，班主任要让学生清楚意识到自己犯的错误的严重性及危害性。但处理时，应该酌情有所分别对待。如果是初犯，或当时有些特殊情况，就要宽容地看待，从轻处罚，这样有利于调动学生的积极因素。

常言道，"宽容是金"。班主任的宽容会与学生间建立起彼此信任的关系，学生才能够坦诚地与班主任交流，班主任也就可以更深入、全面地了解学生的内心。

（三）了解学生的方法

1. 观察法

观察法，是指研究者依靠感官或是借助一些仪器，在规定的时间里有目的、有计划地考察及描述客观对象（如学生的各种行为表现、心理状态等），并收集研究资料的一种方法。例如，在教育、教学活动过程中，班主任教师可以通过详细观察和记录学生在学习、游戏、劳动中，或在考试、比赛、日常生活、课外活动中等不同情况下的表现，了解学生的心理特点和行为。

观察法是了解和研究学生的基本方法。中国和外国教育史上很多教育家都擅长观察自己的教育对象，并且会把观察结果记录下来，这些就是教育科学研究的第一手资料。苏联著名的教育家苏霍姆林斯基有很多著作，其中大部分的资料都是长期观察获得的。他仔细地观察那些"差生"和"调皮学生"就是为了研究道德教育方面的问题，他先后对 3700 多名学生展开观察记录工作，可以准确地说出 25 年里 178 名"最难教育"的学生的艰难道路。我国南京大学著名的儿童心理学家陈鹤琴教授，用日记的方式，从他的第一个孩子一鸣出生之时起，就逐日对其身心变化和各种刺激反应进行周密的研究，然后用文字、视频的方式进行详细的记录。他持续追踪观察了 808 天，积累了丰富的研究材料，并在 1925 年写出了《儿童心理之研究》这本书。由此可见，观察法是了解、研究学生最基本、最普遍的方法，这也是班主任最常在工作中运用的方法之一。

观察法在班主任工作中具有重要的作用。第一，观察法是搜集人的各种心理活动及其发展变化规律的各种科学事实和研究材料的基本途径。由此得来的大量丰富的各种材料，是班主任工作的基础，是班主任采取应对措施的起点。第二，观察法是检验班主任工作方法和效果的重要工具。班主任应该深入学生的学习、劳动、课外活动以及课余生活，这样才可以全面且真实地去观察学生在不同环境中的各种表现，然后再在此基础上选择合适的教育方式以及教育方法。但是我们教育学生选择的方式、方法的效果是否妥当需要检验，这就需要进一步细致观察学生的反应，才能及时调整自己的工作方法。

班主任运用观察法时，要把握以下几点要求：

（1）通过自己的教学活动对学生进行观察

这是对学生进行观察的重要渠道。班主任可以通过自己所任课程的教学，对学生进行学习的目的、兴趣，学习的主动性情况，学习能力水平，遵守纪律的状况，与班集体和同学的关系等方面的观察。

（2）通过班集体组织开展各种类型的活动来进行观察

在开学之初组建新的班集体时，可以通过学生的自我介绍，对学生的爱好、特长、能力及其过去的个人经历等有基本的了解；通过组织班集体的校园劳动，观察学生劳动的态度、表现，劳动技能、组织能力和与同学的合作态度等；通过班集体的各类活动，如时事讲评、主题辩论、文娱体育和社会实践等，能够进一步了解和研究学生的道德品行、兴趣特长、技巧能力等，有利于全面了解和把握学生的情况。

（3）在日常的学习生活和工作实践中加以观察

在日常的学习生活中，个人的自由度要大些，学生的个性会比较张扬，班主任要在与学生的共同活动中，善于与学生"打成一片"，在互相频繁交流的过程中察言观色，洞悉学生的行为举止，透视学生的心理变化。这种在常态下的观察，一般能够获得对学生比较真实的、内在的了解和把握。观察后，班主任要做好记录，以利于后续进行综合研究分析。

2. 谈话法

谈话法是班主任通过与学生进行口头交谈的方式来收集对方有关心理特征和行为数据的方法。观察法主要是用眼睛看，而采用谈话法时则主要用口问、用耳听，这种方法和观察法一样是考察、搜集学生有关心理与行为数据资料的最常用方法。在班主任工作中这两种方法往往是结合使用、互相补充的。

班主任通常会选择以下几种方式与学生进行谈话：第一，个别谈话。班主任和学生一对一进行谈话，谈话的内容不宜在公开场合公布，或者必须通过个别谈话才能了解得到。第二，小范围谈话。班主任想了解某个问题的完整过程，或是需要了解、征集一些有关的意见、建议时，通常会采取这种方式进行谈话。如班级发生了某一纠纷事件，班主任需要同时找一些了解事实真相的学生进行谈话，以了解真相，处理解决；如班主任需要征求学生对班级工作的意见等，可让一些具有代表性的学生参加座谈会。第三，书面谈话，也就是用文字和学生进行交流。比如寒假或者暑假时，班主任会借助通信、电子邮件与学生联系，或者一些不方便和学生当面交流的问题，也可以用留字条等方式进行交谈。第四，家访谈话。班主任在家访过程中，了解学生的家庭情况以及学生在家中的表现等。它是一种需要学生、家长以及教师共同参与的方式。第五，电话谈话。城市或者经济比较发达的农村地区有大部分家庭都有电话。在晚上或双休日便用电话与学生、家长谈话是方便快捷的。电话谈话需要注意措辞，需要提前准备好谈话重点，以便短时间内简洁、明了地说清内容。

想要谈话效果做到形象与情感的统一，发挥出谈话神奇的教育功效，班主任就必须掌握谈话方法和技巧，为此在谈话过程中要注意以下几个方面：

（1）摸清情况、做好准备

班主任在摸情况、做准备时要注意以下几点：第一点，全面了解学生，让谈话更具有指向性、针对性。班主任跟学生谈话时不可以毫无目的地信口开河，要把对学生的深透了解作为基础。班主任了解学生，不仅需要了解学生在现实中的表现、思想状况以及存在的问题，还要了解学生的性格、气质、爱好、特长、情绪和态度，这样班主任才能够多方面了解学生，然后做到"因人施言"。第二，班主任需要对周边的环境条件、任课教师、同班同学等客观因素进行调查了解，还要了解谈话内容、时间、场合与方式的影响情况，然后及时作出调控。简言之，班主任在谈话时就是要善于选择和创设良好的谈话情境氛围。第三，班主任需要提前预测自己的观点、认识、感情、方法等因素可能带来的影响，然后精心设计方案，确定主题，安排内容并做好应变的充分准备。

（2）把握谈话的时机

新学期刚开始时，学生一般都会有新的目标和打算，都希望从班主任那里获得指导。这种情况下，班主任积极找学生谈话更容易起到好效果。当学生在学习、思想等方面取得成绩和进步的时候，也会希望班主任肯定、鼓励自己，班主任主动和学生谈话，双方在放松、愉悦的氛围下交谈，也更易取得好的效果。学生在学习、工作或生活中遇到困难与挫折时，也会寻求班主任的理解与帮助，这便是谈话的最好机会。班主任要把握好谈话的时机，有一些情况需要及时谈，有一些需要冷静之后谈，还有一些需要让学生思考后以理性的状态谈。

（3）选择谈话的场合

很多班主任会在办公室里找学生谈话。但从学生的角度来看，办公室并不是最适合的地点，原因主要是：第一，办公室会给学生带来压抑和震慑的感觉，学生没办法在这种情况下真实、自在地表达自己的想法；第二，办公室里有很多陌生的教师，学生心理上会有警惕感，这也会影响教师和学生之间的良好交流；第三，学生去办公室，容易被同学误认为是犯错误或者打了小报告，无形中也会降低学生在同伴中的信任，让学生产生逆反、抵触的心理。所以，班主任要根据谈话的内容及要求认真思考，选择合适的谈话场所。有的谈话要在安静的地方和学生单独聊；有一些可以课外或课余，在公共场所与学生随意交谈；有些要让学生认识到问题的严重性，就要去安静又严肃的地点。班主任要积极创造条件，让学生可以自由表达想法，提高谈话的效率。

（4）要根据谈话对象的特点选择适合他们的谈话方式

有的学生自尊心和逆反心理较强，要用商讨式的方式谈话，班主任用平等、尊重、亲切的态度面对学生，也允许、鼓励学生辩解，这样有利于解决问题。商讨式的谈话法对师生间消除成见，排除双方传递信息的障碍有利，也为深入谈话创造了条件。有的学生性格独立，自我意识很强，又心理敏感，这时就应该采用点拨式的谈话方式。这一类学生自我意识、感受能力都很强，通过暗示、成语、谚语等简明的方式展开谈话更容易取得好的效果。而跟一些防范性很强的学生谈话时，突击式则更有效果。这类学生一般不会轻易承认自己的错误，会矢口否认或者嫁祸给别人，班主任应该在冲突事件刚发生时进行突击谈话，更容易冲破学生的心理防线，起到更好的谈话效果。跟性格内向、孤僻、自卑的学生谈话，则应该使用渐进式的方法。班主任讲话太过直接，语言冲击力过强，学生多会沉默不语。所以谈话应该缓慢的推进，选取一些容易产生共同语言的话题，再渐渐地引出主体。跟依赖性、懒惰性较强的学生谈话，触动式则更加适合。这类学生独立思考的能力比较弱，班主任可以用态度严肃的谈话方式展开对话，更易引起学生思想上的震动。除此之外，班主任还要根据学生不同的发展阶段和水平来选取合适的谈话内容、方式。面对年龄小的学生，语言要形象生动且具体；面对年龄较大的学生，语言可以更加理性客观。对于学生干部和素质比较好的学生，谈话内容主要是关心他们全面的进步与发展，谈话可以采用开门见山、进行研讨的方式；对于有较大缺点的后进学生，谈话的主要内容重在关心他们前进中的困难和分析后进的原因，发现和揭示他们尚未开发的潜能。谈话可以是共同分析和研究克服困难、走出困境的途径。谈话对象的心态会直接影响谈话的效果，班级里的每个学生都有自己的思想和个性，如果不了解学生的特点，就无法获得良好的谈话效果。

（5）态度要诚恳，感情要真挚

班主任在使用谈话法时，与学生谈话的态度要亲切、和蔼、真诚。如果学生感到教师找自己谈话是为了训斥自己，那么，对教师的谈话可能产生抵制心态，而且往往谈话的效果不佳。因此，班主任应注意和学生建立良好的正常师生关系。

3. 调查法

为了深入了解学生情况或弄清有关学生教育的某个问题，常常需要运用调查法。按调查种类分，可以分为一般情况调查和专门调查这两种；按调查对象分，有班干部、任课教师、学生家长调查，也可以向学生的朋友、街道干部、邻里群众调查；按调查方式分，可以分为个别访问、开座谈会、书面问卷等方式；按调查途径分，有直接调查、间接调查等。不管采用什么方式，都要把工作做得更细致，消除被调查者的思想顾虑，尽力使自己调查的资料可以反映出客观现实。班主任要及时记载、整理调查来的资料，以便综合研究分析学生情况的时候可以运用。这些宝贵的材料也是班主任总结工作经验、展开教育科学研究的重要素材。

调查对象有学生、学生家长、亲友、任课教师、母校教师、过去的同学、原班主任等，范围非常广泛。

班主任使用调查法时要经常进行"四访"：访问家长（包括亲友、邻里）、访问任课教师、访问本班同学或以前同学、访问原来的教师。在接手一个新班时，班主任要提前在假期对学生进行普遍的调查访问。

（1）家庭访问

家庭访问是了解学生的常用方法。中小学生和家长接触的时间多，家长的思想、意识、文化修养，甚至性格习惯对学生的成长都有很大的影响。班主任要充分认识到家庭访问对教育学生的重要性。教育学生，只有班主任与家长的意见取得一致、相互配合，才能收到良好的效果。

家庭访问的内容是很广泛的：了解家庭成员、家长对孩子的教育态度、方法，学生的生活习惯和在家里的表现等。走访家庭的重点要放在了解情况以及和家长研究教育学生的方法、途径上。

为达到预期目的，班主任要在家访前做好充足准备，应该根据学生特点、家长的教养等确定家访内容和方式。比如有的学生家庭经济状况好，在家有舒适的学习环境和充足的娱乐条件，班主任就要着重了解家长对孩子的要求是不是严格。有的学生家庭经济状况较差，就应了解他们是不是具备必要的学习条件，是否遇到困难，要设法帮助他们创造条件，搞好学习。对于短期表现差的学生进行家访，要如实地向家长反映情况，应该充分肯定学生的成绩，不能只是"告状"，避免引起家长和学生的反感。对一些已经了解情况的家庭进行访问，班主任要着重请家长谈孩子在家的表现，尤其不能因为学生有缺点、错误就责备家长；面对一些优秀的学生，要着重了解他们在家里展现出的弱点。家庭访问的材料应该妥善保存，可以绘制成家长工作记录表，将其作为研究教育学生的依据。另外，班主任还可以走访学生家庭所在地附近的工厂、机关、街道或村镇的干部、群众，向他们做一些专题调查，或对学生在校外的表现做一些了解，便于更好地考查学生，有针对性地教育学生。

（2）访问科任教师

学生在校学习期间与科任教师接触很多，学生学习的积极性、方法以及对待成功与失败的态度可以反映出他们的意志力，与同学共同学习讨论时则可以反映出他们的精神境界等，科任教师对这些方面都有所了解。一些学生在班主任面前的表现与在任课教师面前的表现会不同。这都说明了访问任课教师对了解研究学生是重要的和必要的。

（3）在学生中间了解学生

"在学生中间了解学生"就是放在学生中无形的"录像机"，它能较为及时、准确地反映学生情况。班主任在做这类调查时，要注意以下几方面：首先，应该教育学生，反映情况要实事求是，不能带有偏见；其次，教育学生对同学一定要抱着与人为善的态度，多发现别人的优点和长处；再者，要及时核实、分析学生反映上来的情况，也要多方面听取情况，不能依靠只言片语就下结论，还要正确巧妙地运用学生反映的情况，不要影响学生间的团结；最后，要保护反映情况的同学，向班主任反映情况的同学往往会受到不正确、不公平的冷嘲热讽。班主任必须义正词严地向学生说明真相，坚定不移地保护这些学生，以促进他们的积极性，达到激浊扬清、明辨是非的目的。

（4）现班主任访问原校的班主任和任课教师

通过这种方式，以了解学生过去的表现。这也为对学生做比较分析提供宝贵材料。

4. 资料分析法

资料分析法就是借助相关书面材料进行分析来了解学生的方法。有关学生的书面材料记载着学生各方面的情况，分析这些资料可以全面地把握学生德、智、体、美、劳和家庭、社会交往等方面的情况，了解学生每一个方面的历史、现状和发展变化的趋势。这些情况既是班主任有的放矢教育学生的依据，又是与家长交流教育信息的重要内容，还可以让学生了解自己，以明确自己努力的方向。

与学生有关的资料有很多，大概可以分成三种：第一种是学生档案资料，包括了学籍册、历年的学业成绩、操行评定、心理档案、体格检查表、有关奖励和惩罚记载、入团申请书等；第二种是班级记录资料，包括班级日志、班会和团队会议记录、班团活动的计划和总结等；第三种是学生个人写的资料，如日记、作文、各科作业、学习笔记、各种答卷、墙报资料等。

班主任运用资料分析法时，要把握以下基本要求：

（1）要以全面的观点来分析有关资料

书面资料记录的有关情况是局部的、有限的，不可能完全反映学生的全貌。同时，由于受主客观条件的影响，资料具有他人经验、思想、观点的烙印，所反映的情况并不一定完全准确，甚至会有片面性。班主任分析运用资料时，要有全面的观点，切忌以偏概全。

班主任要充分重视对这些资料的分析和研究，但是又不能拘泥于这些资料；

更要着眼于在现实条件，对学生具体表现的全面情况进行了解和把握。班主任要随时注重现实资料的收集、积累和分析，如学生的周记中班级日记。班主任可以通过学生的日记、周记、作文来了解学生的内心世界，能从里面获得不少平时无法发现的信息，以获得对学生和集体的全面情况的了解和掌握。

（2）要以发展的观点分析有关资料

资料记录的主要是学生和班集体的历史状况，是对学生个体和班集体过去状况的反映。它是班主任了解和研究学生及班级状况的基础。但是班主任必须知道：学生和集体一直在不断地发展变化中，不可以把资料反映出的情况看作把握学生、集体状况的唯一证据；班主任更不应该受到资料鉴定结果和评价的影响，以"定向思维"和"先入为主"的形而上学的思维来看待和评价学生及其班集体；对犯过错误的学生，班主任更不能用"老眼光"看他们，而要以发展的眼光来看待他们。

（3）要善于借助其他的方法

借助书面的、有记载的资料作为了解、研究、分析学生的重要依据，这是资料分析法的长处。但是它没有观察法获得的信息来得细致和直接，也没有谈话法获得的信息来得及时和全面，更没有调查法获得的信息资料来得深入。所以，资料分析法应该和观察法、谈话法、调查法以及其他方法结合起来运用，这样能够把对学生的历史了解和现时了解研究结合起来，把静态的了解和动态的了解研究结合起来，使班主任对学生和班集体情况的了解和把握更加细致、更加深刻、更加全面，有利于增强班主任工作的针对性和实效性。

（四）分析和研究学生应注意的问题

在教育和教学过程中，学生是教育的对象，又是教育的客体。但学生不仅是被动地接受教育，同时他还发挥着教育主体的作用。也就是说，学生既是教育的客体，同时又是教育的主体，是教育客体和教育主体的辩证统一体。作为教师，特别是班主任，在了解、研究和教育中必须树立正确的教育观点、正确分析和研究学生，才能达到教育的目的。

1. 树立正确的观点

（1）教育的观点

教育是培养人的社会活动，这是教育的本质。学校教育的对象是学生，他们在教育过程中既是教育的客体，又是学习的主体。作为班主任首先要认识到学生是人，是一个有血有肉、有思想感情的人，是可以教育的人。这一点是十分重要的。在教育过程中，班主任不仅要把学生作为认知的对象，而且彼此间必然还有思想感情的交流，需要建立心理上的联系。这种师生间的心理联系是双向性的。学生在学校接受教育过程中，体验到人生的价值和喜怒哀乐。"有血有肉"还说明学生有自己独立的人格，有自己的需要、愿望和尊重。学生作为我们的教育对象，始终是教育过程的主动参加者，他在任何时候对客观世界都是能动的，教师，特别是班主任不可能将自己的知识、观点移植给学生。

学生对班主任的教育能否接受，接受多少，取决于自己已有的认知结构。因此，作为教师，特别是班主任，应对学生有一个正确的教育观念，要深入分析学生的各种行为原因，选择恰当的方式去教育，而且要相信学生一定会通过自己的耐心帮助，达到教育之目的。

（2）全面的观点

我们的教育目的是培养德、智、体、美、劳全面发展的，具有独立个性的社会主义现代化建设者。教育工作者要想方设法把学生培养成德、智、体、美、劳全面发展的人，完成党的教育任务。这里所说的"全面发展"不是主张学生们每门功课都百分，都平均发展。我们所说的"全面发展"是指学生基本素质的发展、心理素质的提高。学生可以而且应当在基本素质全面发展的基础上保持并发展自己的兴趣、特长和个性，绝不能用同一标准来要求和培养所有的学生。目前，中小学中片面追求升学率现象依然存在，要求学生考高分数，只重视知识的传授，忽视能力的培养，甚至有的学校和教师为了争名次，只抓少数尖子生，而忽视或放弃对大多数学生的培养，这些都是在极其错误的观点指导下所形成的。

班主任是学生全面发展的组织者、领导者和教育者；也是学生健康成长的引路人；更是学校行政领导对学生进行德、智、体教育的得力助手及骨干力量；另外，也是联系班级任课教师、学生集体组织的纽带，是连接学校、学生家庭以及社会教育力量的桥梁。班主任在对学生进行全面教育中担负着重要的职责。

班主任首先要有一个正确的、全面发展教育的观念，不能只抓班级的教学，只看分数的高低，而忽视德、体、美、劳方面的活动，要认识到学生的各种活动对智育等各方面的积极作用。只有对学生进行全面教育，才能真正从应试教育走向素质教育。

（3）发展的观点

年轻一代的学生身心特点的发展不同于成年人，不管从什么角度看，学生都在持续成长发育的过程中，是发展的黄金时代，具有极大的发展潜力。

他们的发展情况不仅与先天遗传素质有关，也和外界环境、教育条件及其参与活动的态度密切相关。生理、心理两方面都处于活动的过程中，尤其是学习活动，它可以借助遗传、环境、教育的交互作用逐步成熟。这种成熟有时发展迅速，有时发展缓慢，呈波浪式前进。这方面与成年人有明显的差异。

作为教育者，就不可以用对成年人的标准要求学生，也不能用教育成年人的方法去教育他们，更不可以用凝固的观点去衡量、指责他们，或是听任他们自由发展。

班主任应该根据他们身心发展不同阶段的特点进行引导。在分析和研究学生时，要特别注意，班主任应该用发展的观点看待学生，既要看到学生的过去，又要看到学生的现在，还要看到学生的发展变化。昨天的"落后"不等于今天一定"落后"，今天有的缺点和毛病，不等于明天还存在。要充分看到在教师，特别是班主任的辛勤劳动和教育下，绝大多数学生是可以教育的、会转变的、能进步的。如果教师把学生看"死"了，那么我们的教育工作就难以取得效果，甚至会得出错误的结论。

2. 正确估计学生的思想状况

在分析和研究学生的同时，我们不能忽视对学生的思想品德进行正确的评估。在整个教育工作中，应该把坚定正确政治方向放在首位。德育工作实际处于教育的主导地位，并始终贯穿于教育过程中。我们所采取的各种措施的效果都要通过学生思想品德去评价。学生思想品德如何，不仅要看学生的道德、思想、政治的理解，而且要看他们的行为。班主任主要应从以下几个方面去评估：

（1）学习的目的性

班主任要看学生是否是为了祖国的富强、人民富裕、民族振兴而努力学习，勤奋劳动。

（2）学生世界观的建立

班主任要看学生是否树立了辩证唯物主义的观点，能正确认识世界。

（3）看学生的道德品质

班主任要看学生是否具有良好道德品质的学生，是否具有爱科学、爱劳动、爱护公共财物，有礼貌、团结同学、助人为乐、尊敬师长、遵纪守法和有良好的文明习惯。班主任要全面地衡量一个学生的思想品德状况，不可用一事一时去下定论。

二、组织和培养班集体的策略

好的班集体不会自发形成，要依靠班主任的精心组织和培养，才能逐渐建立起来。组建班集体是班主任工作的中心环节。要组织良好的班集体必须做好以下几项工作：

（一）确立班集体目标

1. 确立班集体目标的作用

确立班集体目标，对班集体的建设具有多种作用。

（1）导向作用

制定科学、合理的班集体奋斗目标，可为班集体的发展和个体发展指明方向。班级目标对集体和个体发展方向具有规定性作用，可以引导全班同学为实现目标而团结奋斗。班集体在不断提出新目标的过程中，使集体和学生个体不断朝着一个又一个新目标前进，不偏离正确的轨道，向着积极健康的方向发展。

（2）凝聚作用

为了实现班集体的共同目标，班级学生个体或者群体会形成相互的配合和协调，集合和凝聚班级的力量，为实现共同目标而努力。奋斗目标是班集体的前景和动力所在。马卡连柯认为："集体的生存方式就是前进，它的死亡方式就是停滞。班集体是一个活生生的有机体。要使她永葆青春，向前行进，就必须向全班学生提出奋斗目标。"他又指出，"培养人就是培养他们对前途的希望"，建立、培养班集体就必须确立班集体的共同奋斗目标，以增强集体的凝聚力和向心力。

（3）激励作用

确立班集体的目标，就是要用目标不断召唤、动员、吸引学生沿着达标目的奋发进取。班集体目标是集体和个体发展的前景，班集体成员对实现目标具有

"期望心理"，当目标能够满足学生的发展期望，对其成长和发展起到促进作用时，这种"期望心理"会成为激发班集体实现目标的内在动力。

（4）衡量作用

检查班集体建设的水平，评价班集体工作得失成败，评价班集体成员的表现，要以班集体的目标为依据和标准。只有班集体目标发挥着衡量班集体行为正确与否的作用，才能比较客观地评估现状，找到差距、实事求是地认识班集体及其个体自我。对于符合班集体目标要求的，有利于目标实现的，应得到支持和强化；反之就应该通过思想工作和组织措施加以控制和调整。班主任应充分发挥目标的衡量作用，以提高工作的效能。[①]

综上可知，班集体目标能够激发学生的追求和向往，使学生产生持久地、积极的热情，产生不断进取的意志。确立班集体目标对组织和培养良好班集体的作用是显而易见的。

2. 班集体目标的构成

一项目标大致可以分为远景、中景、近景三种，这三种景是完整的教育体系。实现目标要紧紧围绕远景目标，逐个分阶段地、分层次地、由近及远地去实现，以此使班集体不断前进。

（1）教育目标

教育目标是党和国家对学生身心发展方向和水平所寄予的期望和要求，它规定了人才的质量和规格。班集体教育目标，就是从班集体成员身心发展的现实水平出发，把国家的教育方针和培养目标视为方向，实现国家期望和个人需要相交融的产物，并集中反映了国家对年轻一代的要求。教育目标是以动态的社会发展和需要为参考，而且具有多样性。教育目标应该和学生自身发展的目标基本一致，其核心是把学生培养成德、智、体全面发展的有创新精神和实践能力的合格接班人。班集体教育目标主要包括以下几部分：

①德育目标。世界各国对德育目标的表述尽管不一样，但基本上表现在五个方面：爱国爱家、道德高尚、遵纪守法、全面发展、国际意识。德育目标应是教学生学会做人：一是做一个社会人——其内涵包括良好的自我修养、家庭伦理、遵守社会规范、和谐的人际合作等，其核心是基础道德；二是做一个自然人——

---

① 金效奇.班主任工作策略研究 [M].长春：吉林人民出版社，2020：74.

其内涵是人格健全、身心健康、积极进取的人生态度，核心是心理生活不断发展的现代人，其重点是具有创新精神。总之，要使其具有坚定爱发国主义、集体主义和社会主义的信念和健康的心理，健全的人格，以树立正确的人生观、世界观和价值观；要进行纪律与法制教育，使学生成为具有正确的社会公德、环境公德和具有创新精神的现代人。

②智育目标。学生要会学、会用，学有特长，不仅能掌握"课程标准"要求的系统的科学文化知识，而且要在广泛的社会实践中培养学生的创新精神和实践能力。

③体育目标。学生要学会健身，体魄强健，意志坚强。

④美育目标。学生要懂美爱美，会美善美，学会创造美。

⑤劳技目标。学生要学会劳动，学会生活，吃苦耐劳。

班主任要根据年级特点和学生的情况，按照总目标（远景目标）的要求，制定出符合实际的具体可检测的中景和近景目标。分层目标和具体目标应充分体现总目标的内涵，要以培养学生创新精神和实践能力为目标核心。

（2）管理目标

管理目标是指集体对维护和促进自身的组织结构和管理功能的期望和要求，它既标志着班集体在实现教育目标中形成的合力，体现集体的能动水平，又促进集体成员个性发展，满足成员需要。所以，班级管理目标是依据班级教育目标和为了实现班级教育目标，按照班集体的发展方向及其基本功能制定的。它为教育目标的实现创造各种有利于学生创新精神和实践能力形成与发展的各种条件，如制度保证、环境熏陶、情感激励和精神感染等，即构建起班集体目标的激励机制，促进学生全面发展基础上的个性发展。

我们应当注意：管理的目的就是把事情做得更好，为了提高工作效率和给管理对象提供更好的服务。但事实经常相反，管理规章建立起来后，管理者就会要求管理对象服从管理者，这其中最受伤害的是人的创新精神。

管理目标包括以下几部分：

①班集体发展目标，就是以学生自主管理为特征的，和谐融洽、团结向上的成熟班集体。

②班级文化目标，就是以教风优、班风正、学风好为特征的班级文化氛围。

它可以给学生提供具有创新精神的舞台，具有科学的、人性化的班级制度，具有温馨的、教育意义的物质文化环境和心理自由与心理安全的催人奋进的精神生活。

③班级组织目标，以自主管理为特征的完整的班集体组织管理机构，即由职权结构、角色结构、信息沟通结构相辅相成的有机组合的系统。

④班级活动目标，有能够满足学生多方面合理需要为特征的系列活动的主题和内容；有能够自主参与为特征的活动形式，还有把培养学生创新精神和实践能力作为班集体活动追求的目标。

总而言之，班集体目标是一个由教育目标和管理目标构成的完整体系。班主任要带领本班全体成员制定一个科学的班集体的目标体系，以把班集体的发展和学生素质的可持续发展引向理想境界。

（二）健全组织、培养干部以形成集体的核心

培养和组织班集体必须注意健全集体的组织与功能，使它能正常地开展工作，发挥应有的作用。为此，一要注意健全和完善班级组织机构，二要注意班干部的选拔和培养。

1.班集体组织的建制及其作用

班集体的组织机构，一般由班委会和团支部及少先队、中队等组成。班主任进行领导和帮助，由学生组成的班委会，成为班级管理的重要力量。班委会由班长和班委组成，一般人数比较多的班级还会设 1～2 名副班长。班长负责班委会的全部工作，副班长则协助班长工作，各委员分别管理各项具体工作。少先队和共青团在班级的基层组织是少先中队和团支部。少先中队在小学和初中低年级发挥团支部一样的职能。团支部设支部书记和组织、宣传委员。班级团支部受学校党支部和团委的领导，在班级里主要做好团员和青少年的思想工作。为了使班级工作更有成效，更能调动大多数人的积极性，班级还分为若干小组。各组推选 1～2 名同学任组长，负责和带动全组学生搞好各项活动。

通过这一组织机构的团结和组织，全体成员为实现班集体的共同目标而奋斗。这一组织的领导者是受集体委托形成的，他们有一定的权威性。领导者行使有效的权力，集体成员发自内心地信服和服从。在班集体形成的适应阶段，为了尽快让班集体运转起来，使班级成员顺利度过适应期，了解班集体目标的含义及其意

义，班主任要尽快建立班委会、团支部（中队委）。

首先，要明确班委会、团支部（中队委）应设置的职能部门及其分工，然后进行人员的配备。人员的配备要综合考虑人选的特长、工作经历、性别、地区等因素，以实现优化的组织结构，提高工作绩效。同时，班主任要将班级的学生分成若干行政小组，配好小组长，宿舍要配好宿舍长，利用两个环境中学生有较多接触机会的有利条件，对班委会和团支部（中队委）的工作形成重要的补充。为了尽快使班集体的工作步入正常化阶段，形成班集体的凝聚力，班主任可以引导班级成立各种兴趣小组。通过活动让学生感到在班集体的生活是愉悦而有意义的，使学生从对兴趣小组的喜爱扩大为对班集体的向往和归属。这样使班级群体能够在目标一致的前提下积极地开展工作，使班集体成员步入认识上理解、情感上接纳、行动上服从集体目标的理想状态。

班集体组织机构对于班集体的建设具有十分重要的作用。它是形成班内集体主义责任的依从关系，是提高班集体自主性水平的决定性因素。它明确规定了班集体公务性活动中成员之间的相互关系及其行为准则的集体主义性质。同时，它又是班集体进行自我管理、发挥自主能动性的组织基础。它是促进学生自身发展提高的有效手段。在班集体组织机构的实际运行中，学生按照集体主义原则处理个人之间、个人与集体之间的关系，这是一种社会化的学习过程。它把每个学生置于有利地位，寄予不同的集体期望，同时满足学生的表现、交往、自我认识和肯定的需要，使学生获得自我发展。

2. 班干部的选拔和培养

班干部是班主任的得力助手，具有充足经验的班主任都会把发现、选拔、培养、使用班干部的工作放在重要地位。首先，班主任只有通过班干部才能贯彻好班级工作计划，开展各项活动。其次，由于班干部处于班集体的核心和骨干地位，能够影响班集体发展的方向，因此，及时发现、选拔学生干部并培养他们，无论对班集体的巩固和发展，还是完成班主任对全班学生的教育任务，甚至对他们将来的发展，都具有重要的意义。

（1）班干部的发现与选拔

班主任对班干部的选拔必须有一个了解的过程，特别是在接过一个新班的时候，要从多方面了解学生，通过对学生的鉴定表、体格检查表、日记、作文、作业本等查阅，与学生过去的任课教师、班主任、学生家长的谈话，以及通过学生课内外各种活动的观察，从中来发现积极分子。

一般来说，思想品德好、学习刻苦、成绩优良、关心集体、身体健康，能以身作则，起模范带头作用，在同学中有一定威信和一定工作能力而又热心班集体活动的学生可以选为班干部，并根据他们的特长和爱好分配适宜的工作。班干部的选拔既要有严格要求，又要适度；一方面要坚持一定的标准和条件，另一方面又要从本班学生的实际出发，立足于现实，不能要求过高；以发展的观点选苗子，同时还要兼顾男女生的比例。班干部的选拔方法很多，无固定的模式，但总的来讲班主任在选拔班干部时应注意以下问题：

①对学生要全面看问题，不要求全责备。学生正处于成长阶段，其知识不可能很丰富，其性格也不会十全十美，只要其主流是向上的、积极的，就该给予他施展才能的机会，并用其所长，避其所短。班主任可在民主评定，充分了解的基础上对三个方面进行思考：第一是选择敢管事的同学，第二是选择成绩好且又具备一定能力的同学，第三是选择很调皮却也有分寸的同学。

②充分发扬民主，反对主观武断。教师眼中的班干部，一定要是学生心目中的带头人。班主任在选拔班干部的时候要征求全体学生的意见，以民主、集中为基础，把有组织能力和群众基础的学生选调到干部岗位上，给予精心培养。

③着力选好班长，使班子优化组合。班长对班级工作起着副班主任的作用。班主任如何选择班长？主要依据以下三条准则：第一是组织能力，第二是要心地善良、胸怀宽广，第三是头脑聪敏、思维敏捷。选好班长的同时，还必须注重在班级干部队伍组建中坚持优化组合的原则，要在有利于发挥成员各自特长的基础上，实行最佳组合，组建好班集体的班子。班主任要了解和熟悉学生的个性、品质、能力、兴趣爱好、学习成绩和身体状况，比较各人的优点和缺点，按照先后程序有计划地、合理地把各类学生安排到较为合适的工作岗位，使干部之间能够很好地实现能力互补、知识互补和个性互补。

④要大胆面向全体同学，给每个学生表现才能的机会。班级建设刚开始，各方面都还没有步入正轨，同学间较为陌生，了解也不够多，班主任可以借助调研，挑选一批各方面表现较好、能力较强同时有一定号召力的学生担任班干部，组成临时班委会。班集体经过了一段时间的共同学习和生活后，建设逐渐步入正轨，

班主任就可以通过民主选举的方式，让学生自己选出第一任班级干部，组建班级组织机构。等到班集体处在稳定状态时，班主任就可以大胆面向全体学生，培养和提高全体学生的组织和管理能力。所有的学生都是我们培养教育的对象，都是未来的人才，他们不仅要具备丰富的科学文化知识，也要具有卓越的组织和管理才能，班集体建设的最终目的是要促进每个学生成才。

在美国管理学家杜拉克看来，领导者要明白每个人能力所及的界限，也要明白能力所及的界限又是能力增长的起点。简言之，就是要看到每个人潜在的能力。锻炼不仅是一般的适应过程，还是可以促使学生整个身心发展的过程，在锻炼中要主动开发每个人的才能。所以，班主任应该给每个学生表现才能的机会，不应该只偏爱优秀的学生，要给中等生和后进生更多的机会，为他们的"适应"创造有利的条件。

为提高全体学生的能力，班主任要努力创造条件，给每个学生担任班级干部的机会。一些班主任探索实行"班级干部轮换制度"的做法是值得倡导的。在班干部的选拔及使用工作中，"干部轮换制度"可以让更多的学生参与班集体的管理中，体会其中的快乐及艰辛，从而以主人翁的身份自觉地投入班集体建设，更可以培养、锻炼他们的组织管理能力。班委会、团支部、少先队中队的各级干部都有一定的任期，任期届满后，一般都不再连任。每次执行"干部轮换制度"时，都要先保留原班委会、团支部中一定数量的干部，方便新老干部进行工作交接。新一轮干部上任后，要做好干部培训工作，帮助他们尽快适应和熟悉工作。为使学生能获得更多的锻炼机会，班级也可以采用"助理班主任制度""星期班长制"等方式，这样班级内各层次的干部就可以定期轮换，也可以采用民主选举、无记名投票等方式选举。如果同时有几个候选人，就开展竞选，候选人发表"施政演说"，然后进行选举，任期满后由全班来评定"政绩"。

（2）班干部的培养与提高

班主任要注意选拔好干部，也要更多地着眼于在工作过程中对他们的培养和教育，让他们真正地成为集体的核心。班干部是班级组织的骨干，也是班主任的得力助手，班主任应该依靠、使用他们协助自己开展班级工作。班主任使用干部要遵循两个原则，首先是大胆使用原则。"疑人不用，用人不疑"，班主任要给班干部充分的信任，鼓励他们努力做好工作。班干部的工作，班主任也不要包办代替，要让他们有自主权，充分发挥他们的能力，保护他们的积极性。其次，工作任务适量原则。班主任要最大限度地调动班干部的工作积极性，也要关注他们的负担和承受能力，要以不影响他们的学习和健康为原则。只要班干部出现不适应的情况，就要及时进行调整。在实践中，有些班主任单纯地使用班干部，简单地向他们布置任务，而不付出精力去培养他们、提高他们，这就等于在无形之中扼杀了干部的工作积极性，也容易滋生优越感，逐步失去骨干作用。还有的班主任采取放任自流的态度，班干部得不到帮助与指导，工作中遇到困难无法克服，时间长了，便失去搞好工作的信心。因此，班主任必须注意对班干部的培养教育。

①思想作风的培养。班主任在培养班干部的过程中，要注意加强班干部的思想教育，使班干部具有明确的认识和指导思想，树立全心全意为人民服务的观念。一些学生抱有当班干部会吃亏的想法，一些学生学习和工作能力都很好，但就是不当班干部。究其原因，一方面怕当班干部影响学习，另一方面害怕得罪人。班主任要针对不同的情况，分别采取有效措施，帮助他们树立为全班服务的思想，增强为集体服务的信念，做同学表率的决心和信心；同时可经常进行集体主义教育，在班集体中营造一种"以能为集体工作光荣，以逃避公益工作可耻"的积极风气，使班干部真正成为班级活动的积极分子，成为班主任开展集体活动，实现管理目标的得力助手和骨干力量。同时，班主任不仅自己要具有民主意识和民主作风，成为学生的知心朋友，还要培养班干部的民主意识，使他们成为同学的亲密伙伴。班干部应该在民主气氛中产生，也就应该在民主的环境里开展班级工作，这样才能让班干部发挥出自身的聪明才智，使每个成员都体验到自己是集体的主人。另外，班主任要十分注意培养班干部自觉接受群众监督与严于律己的思想作风，增强自我约束力，不断充实完善自身。批评与自我批评是一个集体生机勃勃、奋发向上的动力，是培养群众观点、民主作风的必要条件，充分认真地开展批评和自我批评，能使干部置于群众监督之下发扬民主，调动全班同学的积极性，达到既锻炼干部，又提高学生群体的主人翁精神，又能使班干部客观地认识自己的长处和不足，从而增进干部和同学之间的理解和信任。只有这样，班集体的正确舆论才能形成，良好班风才能建立，班集体才能坚强有力。

②工作能力的培养。一般情况下，班干部的集体责任感会更强，"当家做主"的愿望也更高。不过他们的认识水平、工作能力、组织才干都还处于学习、积累

阶段，班主任应该及时引导他们。一个有朝气的集体，是在开展各种活动中形成和发展起来的，通过活动可以发现、锻炼人才。组织丰富多彩的活动时，班主任要充分发挥班干部的积极性、主动性，从全局出发随时给他们以指导，放手让班干部独立工作，而不要越俎代庖。当然，班主任也不能放任不管，要耐心细致，对班干部的工作一定要做到有布置、有检查、有总结，时常传授他们开展工作的方法，帮助班干部妥善地安排时间，发现问题要及时解决。经过一个时期的锻炼，干部的思想作风、工作能力、认识水平都会发生很大变化，提高到一个新的水平。

③工作方式方法的培养。班主任要对班干部的工作方法作出指导，告知他们面对不同的情况应该采取怎样的方式解决，以帮助班干部更好地开展工作，如某一项工作如何去组织安排，面对预料之外的情况应该怎样处理，哪种方式或者方法能够起效等。在培养中，班主任既要有言传身教，也要及时组织干部进行必要的学习和经验交流，使他们尽快掌握正确的工作方法。

④班干部威信的树立。班干部在同学中树立的威信程度决定了他们在班级中可以发挥多大的作用。班主任要用一分为二的观点来看待班干部，既要看到他们的长处、成绩，又要留心他们的困难和不足；要教育班干部在各项工作中以身作则，起模范带头作用，培养他们的集体荣誉感、责任感，帮助他们克服工作中的困难；在他们出色完成任务并为大多数同学所承认时再去表扬他们，威信就容易建立起来；对班干部的缺点和错误，要及时给予批评帮助，与同学一视同仁，否则班主任和班干部都会失去学生的信任，容易滋长班干部骄傲自大，虚荣浮漂的思想，不利于班干部的成长；要尽量多地要求一个人，也要尽可能多地尊重一个人，对犯了错误的班干部，要热情帮助他们认识和改正错误，不要简单罢免了事。

有这样一个例子，在一个班上，班干部和几个同学犯了同样的错误，班主任首先严格要求班干部，做了大量的思想工作，班干部认识到自己没有以身作则造成了不良的影响，在班上做了自我批评。班干部严于责己的自觉行动，带动了其他几个同学，他们也认识到自己的错误，做了自我批评。这样班干部的威信非但没有降低反而更加提高，并促进了批评与自我批评风气的形成。对于干部的威信，班主任要有敏锐的观察力、鉴别力，要充分了解干部的威信是建立在什么基础上的，不要为某些表面现象所迷惑，对于弄虚作假骗取信任、利用职权蛮横高压者一定要及时批评教育。

培养学生干部的工作很复杂且不能够间断，班主任要耐心、有目的、有计划地开展。对班干部的培养、提高要根据不同学段、不同班级特点区别对待，这样才能促使班干部持续进步，并把班级工作提升到新高度。

第三节 初中班主任日常管理的组织协调

一、日常班级活动的设计

班主任在组织日常班级活动的过程中，应遵循主体性、教育性、时代性、多样性、整体性、易操作性。

（一）主体性

主体性指的是在日常班级活动中应注重学生的主体地位。不论是主题设计，还是活动实践，学生都是最为主要的参与者，并参与一定的决策与安排。在日常班级活动中，班主任只需要对学生与活动的开展进行宏观指导，确保日常班级活动的正常进行，并将学生的参与积极性充分调动起来，积极主动地投入日常班级活动中。同时，班主任应让学生意识到自身在日常班级活动中的主体地位，日常班级活动的好与坏都是由自己决定的，从而使学生在日常班级活动中具有较大的主观能动性。

（二）教育性

日常班级活动有着多方面的教育意义，不仅可以开发学生的智力、提高学生的审美情趣，还能增强学生体魄、提高学生的实际操作能力等。因此，在设计日常班级活动的过程中，应确保教育功能的充分展现。

1.教育性体现在活动目标上

班主任在确定日常班级活动目标的过程中，应善于在娱乐中寄托教育，将日常班级活动的教育作用最大限度地发挥出来。比如，在召开关于"小队能人"的班会时，可以设定两大活动目标：第一，通过鼓励为集体出谋划策的学生，更多的学生能够为集体作出贡献；第二，学生可以在展示小队制作的专题墙报活动中感受到合作创作的乐趣及满足感。

2.教育性体现在活动内容上

在日常各项活动的开展中，可以设置各种主题活动。比如"我是青奥小使者"，一系列的社区环保知识宣传，使青奥会的理念根植于学生与居民的心灵深处；开展"最美少年"的评选活动，达到培养学生爱心的目的；组织"人脑与电脑"讲座，引导与讨论，使部分学生不再过度沉迷游戏，看清现实的美好。另外，还有跳绳比赛、包饺子、春游等各不相同的日常班级活动，都能不同程度地对学生起到教育作用。

3.教育性体现在活动过程中

第一，活动的场地要让人感受到教育氛围，布置会场时，要体现出活动的气氛以及教育情境，桌椅形式、展板摆放、标题书写都要体现整体性；第二，活动名称的影响力要强，比如，"我是安全小能人""小事情，大作为"等。在开展日常班级活动的过程中，教师应充分发挥自身的引导与调动作用，让学生在活动中得到教育；还可以借助新媒体等手段，提高活动对学生的教育意义。

4.教育性体现在活动总结上

活动总结不容忽视。教师、学生甚至家长共同回顾活动的过程，总结自己的得失，在回顾和反思交流中获得更进一步的成长。

比如，某班级在班级文化墙布置结束后，组织教师和学生交流文化墙布置的经验，并且撰写"文化墙布置背后的故事"，由此集体归属感、荣誉观得到了加强。

（三）时代性

班主任在设计日常班级活动的过程中，应引入时代话题，在主题的选择上具有时代感，使学生能够触摸时代的脉搏。

1.从时事中抓题材

班级日常活动需要从时事中选取具有教育意义的题材。例如，培育杂交水稻的袁隆平逝世，某班级开展了"袁隆平与杂交水稻"主题活动。这样新鲜的题材，学生会受到理想主义、爱国主义等多方面的教育。

2.从身边的事中抓题材

现代社会变化万千，人们的菜篮子在变，交通方式在变，通信方式在变。班主任要善于从这些变化中找到日常班级活动的题材。例如，针对生活区内日益增多的私家车侵占公共空间的现象，某班级组织学生开展公民教育活动，调查私家车增多和乱停放的原因，思考解决的办法。

（四）多样性

想要促进学生综合素质的全面提升，就需要班级日常活动在形式、内容、组织方式等方面具备多样性。

1. 活动内容多样

设计班级日常活动要保证学生素质得到全面的提升，也就是德、智、体、美、劳的全面发展，为此在确保其具有教育性的同时，要增强日常班级活动的趣味性，以激发学生的学习积极性。比如，对于日常班级活动计划的制订，要把实现学生的全面发展作为主要目的，具体安排时，要同时兼顾思想教育和知识，即这是"集体在我心中"的教育活动，也是"智力竞赛"普及知识的活动。随着日常班级活动的逐渐多样化，不同背景、性别、爱好、能力的学生都将获得施展才能的机会，促进学生的个性化发展。

2. 活动形式多样

青少年时期的学生一般对新鲜事物尤为感兴趣，并且有强烈的求知欲。因此，日常班级活动在形式上要具有多样性，以激发学生的积极性与主动性。在开展关于"心中有他人"主题日常班级活动的过程中，可以采取各种形式：比如，"送一送"，前往养老院送温暖；"演一演"，将同学们做的好人好事以小节的形式进行演出；"讲一讲"，宣传英雄事迹等。另外，在一个固定的日常班级活动中，也可以存在多种形式，比如，在中秋节，可以做月饼、点蜡烛、猜灯谜、讲述民间传说、举办化妆晚会等。多种形式的活动可以增进学生的活动体验，让更多的学生得到教育与发展。

3. 活动的组织方式多样

对于班组活动而言，不仅可以以整个班级为单位，还可以以小组为单位，甚至三五人为一个团体。可以说，日常班级活动的组织方式是多种多样的。通过适当的组织方式，可以明显地提高活动的时效性，满足学生在爱好、兴趣、发展等方面的需要。

（五）整体性

整体性就是把班级日常活动的过程、内容、教育力量等各个方面联系起来，让他们成为一个整体。整体的教育思想指导教育活动，使学生全面发展，教学目标也达到整体性。

就班级日常活动过程来看，个别活动和整体活动之间是辩证统一的关系。从单次的班级日常活动来看，要从活动开始酝酿、设计都让学生参与其中，这样才能激发学生在活动实践中的积极性，而实现活动对学生的教育性。另外，活动与活动之间的安排应具有连贯性与系统性。

从日常班级活动的内容来看，需要充分考虑到学生的整体教育，把德、智、体、美、劳等都包括在内，借助全面、系统的信息网络来帮助学生全面发展。

从日常班级活动的教育力量来看，日常班级活动应尽可能地将学校、家庭、社会的整体教育功能全面发挥出来，整合学校、社区的教育资源。有些班主任在组织日常班级活动时经常请家长参加，帮助化妆、做报告，参与组织主题活动。组织一些外出活动，也会邀请家长委员会参与活动的准备、管理，共同创设出开展活动需要的条件。在争取社会力量展开配合工作时，有一些班主任会采用"请进来""走出去"的方法。整合学校、家庭、社会教育资源，可以借助学校以外的力量，弥补学校资源的不足，为学生发展提供更广阔的空间。

（六）易操作性

班主任设计、开展班级活动时，要保证活动有较高的操作性。

首先，需要注意班级日常活动的频率。在一定的时间内，班级活动不可过少，这样无益于学生的劳逸结合与全面发展；也不可过多，当师生耗费大量的精力用于日常班级活动时，会出现本末倒置的问题。

其次，要注意班级日常活动的规模。以规模来划分，班级活动可以分为日常活动和主题活动两类。日常活动就是指每天都会进行的，所以时间不能太长，应抓住重点问题并及时解决。在班级活动形式上，也应保证实效性，包括同桌活动、小组活动、全班活动等。

最后，班级日常活动实现自动化。各种形式的班级日常活动应由专人负责，并保证开展时间的稳定性，以提高操作的便捷性。对于相对大型的日常班级活动，应预先制定合理的方案，明确主持人、发言人、表演者、总结人等，以确保日常班级活动的顺利落实。

二、日常班级活动的组织与实施

（一）确定活动的主题

确定活动主题是班级日常活动最开始也最重要的工作之一，不合适的互动主题自然办不出好的活动。确定主题大概需要进行以下几个方面的工作：

1. 班主任充分考虑

班主任要做到对每一项工作都心中有数。在主题选择上，应注意三个方面：其一，与学校教育计划、教育活动是否冲突；其二，在班集体中，是否存在急需解决的重要问题；其三，班集体的奋斗目标、建设计划是不是和班集体建设内容相符。这三个方面是确定日常班级活动主题的重要依据。

2. 班委会充分讨论

班主任可以将自己的预先设想告知班委会成员，或是班主任进行宏观引导，让班委会成员提出个人意见与建议，在大家踊跃发言的基础上总结归纳。等大体的内容确定以后，大家再一起商议怎样开展活动。

3. 广泛征求学生意见

班委会可以使用个别交谈、小型座谈会等方式，征集全班同学的不同意见。班委会要收集整理全班同学的各种意见，将其作为组织活动的重要参考。有一些活动可以向任课教师、校领导及部分家长征集意见。

（二）制订活动计划

完成主题的选择后，需要制订活动计划，这一过程由班主任与班委会共同进行。开展具体活动时，活动计划应该包括活动内容、目标、方式、时间、地点、准备工作、组织领导等方面。制订好活动计划后，活动负责人要把计划内容写到纸上，反复斟酌，便于落实。组织领导应该明确分工，总体负责人、活动宣传人、对外联系人、组织节目人、会场布置人、活动主持人等都要落实到位。组织工作时，有两点需要格外关注：第一，要发动全体学生参与活动，尽最大的努力，不落下一个学生。针对班级存在的问题开展活动，更要注意与问题有关的学生的"角色"。要选择适合的"角色"让他们担当，以便突出主题，发挥教育作用。第二充分考虑可以借助的力量，请能为活动增色的其他成员加入，比如家长、大队辅导员、社区负责人等。

（三）做好准备工作

落实日常班级活动计划是准备工作的关键，因此，班主任作为日常班级活动的主要负责人，应对每一项任务的落实情况进行检查。对于难度较大的任务，班主任应耗费更多的时间与精力。比如要求学生表演节目或发表演讲时，提前写下提纲或稿子，或者进行排练；请外来人员参与活动，更要提前落实具体有关事项：嘉宾的时间是否合适，对嘉宾有哪些期待等。

（四）日常班级活动的实施

活动实施是班级日常活动开展的关键步骤，也是活动全过程的高潮环节。如果准备工作做得充分，活动高潮就具备了基本条件。为确保活动成功，需要关注以下几点：第一，全班学生的精神状态。活动实施前的一两天，班上应该创造一种准备积极投入活动的氛围，班级骨干成员更要表现出积极的状态。第二，处理好活动过程中偶然发生的事件。活动中难免出现未曾预料到的问题，也可能生成更好的教育时机。此时，班主任一定要冷静处理，把事情向好的方面进行引导。第三，重视活动中的安全教育。日常班级活动，特别是外出活动，务必要做好安全教育和安全防范工作，要配备足够的跟班教师。

（五）日常班级活动展示

班级日常活动的目的是展现学生参与活动的成果，需要注意三点。第一，有没有发动每个学生出来展示成果，并不是每个学生都必须成为展示的主角，但每个人都应该积极配合。第二，有没有借助多种媒体进行成果展示，可以依靠新媒体的手段，也可以通过学生的表演展示成果。第三，现场的布置情况直接决定了活动的气氛及效果。会场布置要与活动的主题适配，营造一个良好的环境氛围。黑板、灯光、桌椅摆放、必要的装饰物，都要以活动的主题为基础进行设计。

（六）日常班级活动总结

活动效果怎样，学生收获多大，存在哪些问题，都需要靠活动总结得出清晰的结论。活动总结包括活动组织者总结和活动参与者总结。总结的方式有很多，有开展小型座谈会、写活动总结、组织全班总结大会等方式。其中，班委会总结必须进行。班委会要反思活动的全过程，总结的内容应该采用口头或小报的形式通报全班同学。

日常班级活动要符合学生实际，体察学生情绪，贴近学生需要，既要有对当下教育现实的思考，又要有长期的教育效果，这就需要在关注日常班级活动的针对性的同时，对主题教育进行系列化思考。事实上，每一学年、每一学期、每一阶段乃至每一次日常班级活动，都要把它的组织和实施看作一项系统工作。从最初的选题到最后的总结，从上次日常班级活动的实施到下次日常班级活动的延续，班主任都要充分考虑、周密策划、细致实施，让日常班级活动的教育价值得到最大程度的发挥。

第四章 初中班级建设

班级文化由精神文明、制度文明、物质文明组成。在班级文化结构中，精神文化是灵魂与核心，物质文化是形式和条件。本章主要介绍了班级建设，分别从班级建设概述、班级精神文明建设、班级物质文明建设和班级制度文明建设四个层面的论述，指出了当前班级建设中存在的问题。

第一节 初中班级建设概述

一、班级文化的概念

班级是学校的基本组成单位，是学生学习与生活的主要场所，通过对一所学校的历史、现状进行分析，并对其进行初步的探讨。要解释什么是"班级文化"，就必须先理解"学校文化"是什么。

（一）学校文化

班级文化产生和运行的最基本的外部环境是学校文化。美国学者华勒在《教学社会学》中将学校文化定义为学校中形成的特别文化。这个概念明确指出了学校文化发生的场域——学校。基于这一点，许多学者对学校文化的研究都有自己的看法。《教育社会学新论》一书中，台湾一位教育社会学者林清江对学校文化的界定，是"由学校内各个团体组成的一种价值观与行动系统"。在此基础上，作者提出了五个方面的概念。第一，它既体现了大的社会文化氛围，也体现了自身的个性特征。第二，学校文化具有多方面的特征。其综合性表现为成人和青年两个层面上的综合性，以及校园内外的综合性。第三，校园文化是一种相互影响、相互统一的文化。师生的价值准则和行为模式既有矛盾，又有统一。第四，学校文化具有正负两方面的功能。第五，学校文化是一种能够被刻意地规划和导向的教育。顾明远认为："学校文化指的是全校师生在长期发展的历史中所形成的一种教育实践活动方以及所产生的结果。其中包含了物质层面（校园建设）、制度层面（各种规章制度）、精神层面和行为层面（师生的行为举止），而其核心是精神层面中的价值观念、办学思想、教育理念、群体的心理意识等。"[①]

（二）班级文化

班级文化是一种每一个班级都应该具备的、在班级管理中都应该具备的一种软性因素，它是一种特殊的教育力量，它贯穿在所有的班级活动中，在培养学生的精神品质方面起着导向、均衡、丰富和提高的作用。关于课堂文化的含义，国内学者也在积极探讨。齐学红说："教师和同学们在他们之间，在他们自己的圈子里，在他们的圈子里所创造的一切物质的，制度的，精神的，都可以促使他们的教师和同学一起进步和成长。"[②] 林冬桂将班内同学（师生）的理想信念，价值取向，态度，思维模式，行为模式以及它们的具体体现称为"班内文化"。

一般来说，班级文化不仅包含了班级的物质文化，比如教室的布置、墙面的设计、桌椅摆放方式、活动的设施等，还包含了班级的精神文化，比如班级学生的信念、价值观、态度等；它不仅包括了班级的规章制度、日常行为规范等班级的显性文化，还包括了班级的精神面貌、班风、学风、人际关系等班级的隐性文化；既包含了班级群体文化，也就是班级群体在活动中共同表现出来的观念体系和行为方式，还包含了班级个体文化，也就是学生个体的观念体系和行为方式；既包含了规范文化，也就是班级的价值取向与社会主导的价值规范同构，并且与社会期望相一致，也包含了在班级中，除了社会期望之外，还有其他的非规范文化。

上述关于班级文化的定义从不同的角度表达了多样的观点，但是这些概念之间具有共同的关键点：第一，班集体是以人为中心的，是以师生为中心的，师生共同创设的班文化其特征由班级成员规定，其意义和价值由班级成员来赋予和认同，并且班级文化是为班级成员服务的。第二，班级文化表现在班级成员的思想观念、行为活动、规章制度中。第三，必须有一个共同的班级文化。班里的教师和学生的个人价值取向，目标标准，行为方式，都不能被归类为班里的文化，只

---

① 顾明远. 论学校文化建设 [J]. 西南大学学报（人文社会科学版），2006（05）：67-70.
② 齐学红. 班级管理 [M]. 武汉：武汉大学出版社，2011：117.

有当师生个体的价值取向、目标规范、行为方式等为班级群体成员所共享时，才能称其为班级文化。在一个班级里，不同的教师，不同的学生，有着不同的行为，不同的信仰，不同的价值观。然而，能够被称作班级文化的，并不是这些林林总总的行为、信念、价值观，而是每个人都认可、都愿意积极维护的原则，规范和价值观，这就是班级文化。

综上所述，我们对班级文化进行了一个界定：班级文化是在班级发展的过程中，所产生的一种特殊的班级生活方式，它的具体体现是班级群体成员共同拥有的理想信念、价值取向、思维方式、行为方式及其物质表现。

（三）班级文化建设的意义

1. 推进素质教育改革进程

传统应试教育制约着素质教育的推进。应试教育关注少数学生，主张分数至上，片面追求升学率，不利于全体学生的全面发展。而以价值观、班风、舆论、思维方式、行为方式为代表的班级文化，它直接面对着全体同学，通过它的熏陶、影响、渗透、暗示所产生的凝聚、驱动、同化效应，最终使其形成符合集体需求的思想和行为。班级文化作为一股无形的教育力量，其作用的无痕性和全面性有利于学生积极主动地发展，有利于增强道德教育的实效，有利于推动素质教育。

2. 为学校文化建设奠基

班级文化的核心——班级的价值观念、班级舆论、班风、学风、行为方式、人际关系等，是学校文化的具体体现，它的生成与发展直接关系学校文化建设的成效。从一定意义上说，要搞好学校文化建设，就必须重视班级文化建设。只有从班级文化建设抓起，把具有班级特色的文化建构起来，互相协调作用，才可形成学校文化，为学校文化建设奠定坚实的基础。

从当前高校文化建设的现状来看，存在着"学校有文化，班级没有文化"的现象，这是高校文化建设中存在的问题。班级文化是学校文化的基础性工程，它伴随着学校文化的推进和发展。但是在整体上，班级文化的建设还不能与学校文化的发展相适应。班级文化还只是一种自发的、体验的层次，有些学校的领导和班主任对它的认识还很薄弱。有些学校把自己的学校文化与班级文化进行了割裂，还没有把班级文化融入到自己的校园文化之中，因此导致了自己的校园文化一直停留在一种幻觉和封闭的状态，实践起来也只是停留在纸上谈兵。而班集体文化的构建和发展，将为校园文化的形成和发展打下良好的基础，让校园文化焕发出勃勃生机。

天津市瑞景小学以"乐学"为核心价值取向，以"乐学、乐教、乐在校园"为基本办学理念，以"乐中学、学中乐""快乐中发展、发展中快乐"为办学宗旨，让学校成为学生的精神乐园，建构学校的班级文化。以"乐学"为核心理念，包括扬长、激趣、和谐、成功四个要素，全校各班从"乐学"理念的四个要素出发，并结合本班班情确定了班训。例如：一（3）班的班训为"塑造最好的自己"，四（1）班的班训为"快乐学习、点亮智慧"，五（1）班的班训为"燃放爱心、拥抱快乐"，六（1）班的班训为"扬理想之风帆、抵成功之彼岸"等。各班围绕班训开展班级文化活动，将班级文化整合到学校文化中，从而使班级文化建设目标明确，同时彰显了学校的文化建设理念，将学校文化具体落实到班级文化建设中，扎实进行班级文化建设，为学校文化奠定坚实的基础，有力地推进了学校文化的建设。

3. 提升班级管理的水平

班级管理的目的是促进班级学生、教师的发展。班级管理经历了"人治"的经验管理阶段和法治的制度管理阶段，进入了更高层面的文化管理阶段。在经验管理阶段，班级管理仰仗于班主任的经验、威信、能力、素质。在制度管理阶段，班级管理有章可循、有法可依。但是规章制度的制定和执行，在一定程度上忽视了人的主体性，对人的创造性和积极性存在一定程度的压制。班级文化的管理一直在对班级的规章制度进行突破，在师生之间的交往中，形成了班级价值观、奋斗目标、舆论风气、思维和行为方式等。将"物"的体系化，转化为"心灵"的体系化，使课堂真正变成一个有思想、有灵魂、有生命的有机体，实现课堂、学生、教师的可持续、协调发展。

二、班级文化的特征

（一）班级文化特征的认识

由于其本身的特性，加之与学校文化和社会文化的联系，使其具有一定的特殊性。基于各个班级自身的特点，班级文化呈现个性特征。基于对课堂文化的认识，学者对课堂文化的认识也不尽相同。

1. 从班级文化结构体系的角度

有的学者提出了"班"的整体性、潜隐性、动态性、导向性。班文化贯穿于班集体的一切活动，与学习是以整体的形式表现出来的，从而形成一个独特的系统。它不仅反映了一个班的总体面貌，还反映了一个班的价值观和行为趋势。班级文化具体表现为班级师生的思想观念、行为规范、班风、舆论以及班级成员的个性。其主要以精神文化形态出现，对学生的影响是在潜移默化中产生与发展的。班级文化是一个动态的、渐进的、发展的、变化的、完善的过程。

有研究者认为，班级文化具有方向性、集体性、育人性、规范性、创新性等特征。方向性是指班级文化要始终坚持正确的价值理念，它的具体表现就是"班"的精神，"班"的努力方向。所谓"集体性"，就是指在课堂上，学生、教师、学生共同创造了课堂文化。育人性是指班级文化建设的根本目的与任务是教育、培养人，使每个班都有自己的特点。规范性指的是班级文化，它代表的是班集体师生的理想、愿景与利益等，规范班集体成员的行为。创新性是指班级文化在坚持本班自身优良传统的基础上，创造出本班自己的特色。"创新"是文化的灵魂。

2. 从班级文化功能的角度

有学者认为，班级文化具有育人的广泛性、主动性及持续性等特征。班级文化是以学生文化活动为主要内容的文化氛围和精神面貌，将德育、智育、体育、美育有机地结合在一起，将教育融入文化活动中。学生得以自我教育、自我管理和自我发展，使综合素质得以提高，其教育影响具有广泛性、主动性及持续性。

有学者站在学生日常生活的角度，立足于促进学生发展，认为班级文化应具有生活化、自立化及个性化特征。班级精神、文化标识等脱离学生精神生活，也就丧失存在的根基，应营造有生命的文化，走向生命就是走向生活。班级是学校的基本单位，应具有其自立的内在的精神，班级文化是一个"微观"的生命，它应该给学生创造一个丰富的精神世界。

此外，学者基于自身的研究从不同的角度，对班级文化特征提出了不同观点。有学者认为，班级文化具有创新、团结、开放和民主的特点。有学者认为，班级文化作为一种群体文化，有松散性、包容性和模糊性的特点。有学者认为，班级文化具有科学性与思想性、多元性与统一性、稳定性与可塑性、独立性与开放性的特征等。

（二）班级文化的一般特征

关于班级文化特征的研究，由于学者基于不同的角度，因此，班级文化具有多种多样的特征，没有一致的表述。总体上看，各位学者关于班级文化的特征形成了一些基本共识。

1.教育的鲜明性和导向性

对社会人员具有教化作用和教育意义是所有文化都具备的特征。然而在现实生活中，社会文化的教化并不是有意识的、有管理的，社会文化中的负面原因会对社会成员造成负面的影响。在课堂上，教师会按照学生的发展规律和他们的实际情况，自觉地创造出一种班级文化。这种文化是在课堂上通过教学和实践，积累而成的，它体现了课堂教学的价值导向，体现了课堂教学的目的，是引导学生学习的重要途径。

班级文化反映了一个人的整体精神状态一个人的价值观和行为模式，这就是具有导向特征的班级文化。班级文化对班级的价值取向有一定的影响，它体现出了大多数班级成员都会认同的价值观、道德观和对班级的各种活动的态度倾向，是班里同学和教师认识水平的体现，代表着一个班级文化发展的方向。班上的文化体现了大多数学生的行为方式，给学生们带来了一些基本的行为规范，也给学生的学习方式带来了一些启发。同时，班级文化还可以在班级成员的心理上建立一种定式，从而对学生的行为进行指导，从而促进他们行为习惯的养成。

良好的班风和学风对每个学生都有很大的潜在作用。即便是那些性格散漫的学生，在融入了一个良好的班风和严格的学风之后，也会不自觉地向那些表现好的学生看齐，对自己的行为进行自我控制，不愿意被同伴视为异类，从而受到冷落和排斥。人是一种群居动物，其基本特征就是社交。优秀的班级文化能够将个人的目标与群体的目标结合在一起，从而形成一种教育的合力，此合力具有很强的凝聚力。而在一个融洽的气氛、良好的人际关系中，更能激励每一位学生，让他们在一个共同的集体中健康地成长。

2.内容的统整性和动态性

班级文化是一种特殊的文化，它以一种完整的形态表现在学生的学习和生活中。第一，班级文化的来源非常丰富，它有来自于学生自身、学校文化、家庭文化，还来自于教师群体及个体文化、学生群体文化等。在班级整合功能的作用下，班级文化对来自社会、学校、家庭等各方面文化进行有机整合（并非由多方面文化的直接拼凑而成），从而形成自己独特的文化体系。具有不同家庭文化背景的学生在和教师、同伴的交往中，师生之间和生生之间的文化差异会产生矛盾与冲突。在教师的引导下，学生逐步领悟达成共识与融合，形成班级文化。在这种师生文化、生生文化不断冲突与融合的过程中，班级文化发挥了教育学生的功能。第二，班级文化对学生的影响呈现多元化特征。班级文化既包含积极的文化，也包含消极的文化；既有主流文化，也有非主流文化；既有物质文化，也有精神文化。这势必会对学生造成多元影响。尤其是在当今时代，信息的传播速度非常快，班级文化变得越来越开放，班级变成了一个小型社会，学生所受到的影响也变得越来越复杂，并且还表现出了多层次、多元化的特点。第三，班级文化的内涵十分丰富，是由两个层次、多个因素构成的。从总体上说，一个班的文化是一个整体，课堂文化是一种统一性的文化。

班级文化是一个动态的、渐进的、发展变化的过程。第一，在班级成员的活动与交流中，班级文化会逐步地发展与充实，它是一个持续地积累与完善的过程。因此，在新的时代背景下，班集体的文化建设也在不断地发生着新的变化，在不断地赋予新的内涵。第二，班级文化与学校文化、社区文化之间有着非常紧密的关系，社会的文化趋势、人们的价值取向、道德观念、行为模式的改变都会被反映到班级之中，从而形成了班级文化的新特征。第三，班级成员是班级文化的主体，他们个人的价值观、生活态度、思维方式和行为方式也会受到许多因素的影响。尤其在网络时代，班级的个人文化呈现多样化、个性化的特征，这使得其动态特征更为明显。

3.作用的潜隐性和广泛性

班级文化既具有显性的特征，又具有潜隐的特点，其对人的影响具有广泛性。班级文化对学生的道德价值观的作用，并非通过正面的途径，而是通过一种看不见的外在力量，对学生的精神进行熏陶。这种力量无时不在，无处不在，作用面广。

这实际上是在社会心理学中，群体压力的一种表现，也就是群体成员必须要受到成文或不成文的群体规范的约束，才能对自己与群体之间的关系进行调整，最终实现个人与群体的和谐统一。在《帕夫雷什中学》一书中，苏联的教育家苏霍姆林斯基这样说："用环境、用学生创造的周围情境，用丰富的集体精神生活的一切东西进行教育，这是教育过程中的一个微妙的领域。"[①] 这就是班级文化拥有的力量，它不是通过强制性的教育手段，而是通过环境、氛围、舆论、风气等，在耳濡目染、潜移默化中使学生受到陶冶、感染和影响。它的影响方式主要是熏陶与渗透，并极具穿透力。第一，班级文化的表现形式是一种精神形态，它隐藏在班级成员的思想意识、行为习惯、班风舆论以及班级成员的个性之中，从学生的言行举止、交往行为等方面，可以看出班集体的文化发展程度、发展方向，同时也可以看出班集体文化对班集体的影响。第二，班级文化是一种潜移默化的影响，在班级的环境中，班级的学生会被感染和同化，从而形成一定的认知、情感体验及行为方式，而这也是在无意识过程中得以实现的。

4. 继承的选择性与创造性

课堂是一个特殊的地方，是用来传承文化的，但并不是无条件的。根据国家对人才的要求，根据班级学生的实际情况以及学生成长的规律等，班级文化将人类文化中的优秀部分进行筛选，通过某种形式的改变，以一种与班级学生相适应的方式，将其传递给学生。课堂中的文化不仅是以学科课程为载体，更是要按照教育目标和课程标准，按照学生的认知规律进行选择和编制。

文化教育学派的代表人物斯普朗格指出："教育也是一种指向不断发展着的主体个体的生命创造的文化活动，其终极目标是使已有的客观精神（文化）的真实、丰富的内涵在主体中诞生。"教育是一种文化，是一种把人从一个自然人变成一个社会存在的方式。

人类的社会实践行为需要课堂教学，是为了适应未来社会发展的需要，对学生进行有计划、有步骤地培养，使其有组织地成为"社会人"。教育的本体论含义是：加速人的社会化进程，推动人的全面发展，将人类的文化进程进行浓缩，不仅要对已有的社会先进的文化和知识进行传播和复制，还要对"像哲学和艺术一样"的文化进行加工、改造和创新。教育会引导学生走向博大精深、博大精深的境界，为将来的社会培养出博学多才的复合型人才。因此，课堂永远是创造性知识，创造性文化的源泉，课堂文化是一种具有创造性的文化。

---

① ［苏］B.A.苏霍姆林斯基.帕夫雷什中学［M］.王义高，蔡兴文，等译.北京：教育科学出版社，1983：122.

5. 风格的独特性和个性化

班级文化是班级师生在教育实践中创造的，所以每个班级的文化都大不相同，这种个性就体现在班级特色上。通常人们对班级特色有一种误解，认为特色就是特长班，或者认为组织一些有特长的小组团队就是班级文化特色。其实，班级特色就在于班级的文化建设上。由于各班的历史不同、区域地理和文化环境不同、班主任的教育理念不同、教师和学生群体不同，各班文化也会有自己的独特性。

三、班级文化的功能

班级文化是学校的一种组织形式，它不仅有普通文化的凝聚、激励、引导、规范和同化等功能，而且还有其独特的教育功能。

（一）班级文化的基本功能

1. 凝聚功能

班级文化具有的凝聚作用，具体体现在如下几个方面：

第一，班级文化在培养班级认同感、责任感、归属感的同时，还能激发并充分利用学生的主观能动性，为他们提供更多的自主权，充分发挥各班同学的特点和优点，形成较强的凝聚力。班级文化体现了班级成员的个人利益和班集体的前途命运，从而激发班级成员对班级的认同感、使命感、自豪感和归属感，形成强烈的集体意识、向心力和凝聚力。班级文化突出了班级成员的自身利益和班集体的发展前景，从而产生了对班级的认同感、使命感、自豪感和归属感，形成了极强的集体意识、向心力和凝聚力，这是对一个班级的一种检验。

第二，班级是一种正规的组织，自身具有内在的凝聚力，而这是由班级文化来维持的。这种凝聚力具体表现为：在学习方面，同学们都是积极向上的；在生活方面，同学们互相帮助；在行为方面，同学们是团结一致的。

2. 激励功能

优秀的班级文化具有明确的班级愿景，班级环境舒适，师生关系、生生关系和谐。在这种良好的文化氛围中，责任感、荣誉感驱使师生努力地教和学。充满活力的氛围，将激发教师和学生开拓进取，追求卓越，并在课堂上圆满地完成每一项任务，不断创造新的成绩和辉煌。

班级文化的激励功能具体表现在以下几方面：首先，和谐的班级文化可以增进班级成员之间的信任，加深他们之间的沟通与了解，使其分享知识与交流感情更加方便。不和谐的班级文化不但对班里的显性知识的分享不利，对个人与组织中的隐性知识的分享也不利。其次，班级文化可以为每一位学生提供一个进行文化娱乐、文化创作的场所，并为其提供一个开展文化活动的场所，同时还可以为学生提供一些必要的活动场所。在课堂教学中，班级文化可促进发挥学生的主动性、创造性，发挥他们的潜能，培养他们的才干，张扬他们的个性，完善他们的人格。

3. 规范功能

班级文化形成一整套规范体系，主要表现为制度规范、观念规范、环境规范，制约着学生的言行。其规范功能具体表现为：第一，观念制约，即通过班级价值观、班级愿景等制约学生的言行；第二，制度制约，即通过班级规章制度、班级纪律、学生守则等制约学生的言行；第三，环境制约，即通过班级环境氛围、人际关系、班风学风等制约着班级学生的言行。班级规范具有强大的制约力，让班级成员的言行符合班级规范。

首先，班级文化建设中的重要内容是制度建设。在学校教育教学活动中，师生共同总结、提炼、制定班级制度，这些制度反映了师生的意愿，为师生共同认可。学生从被动遵守到主动遵守班级制度，从他律到自律，逐步提高了对班级制度以及"法"和"理"的认识水平，养成了遵纪守法、严于律己的品质。其次，班级文化通过环境氛围、人际关系、班风、学风对班级成员的行为和思想产生规范和约束作用，这种规范与约束作用是班级文化核心价值观对班级成员的心理所形成的心理定式。在班级日常教育教学活动中，学生受到舆论、班风等良好的班级环境氛围的影响，会自觉遵从班级文化的价值取向和行为准则。最后，班级文化是班级成员价值取向的反映，为班级大多数成员所认同，对班级成员的言行具有一定的调节和约束作用，成为学生评价班级成员的标准。随着班级文化建设的深入，这种观念及评价标准的影响更加深入。总之，班级文化对班级成员的学校学习与交往行为，甚至在未来的社会生活中学生对各种问题的价值取向、行为方式等，都会有深远的影响。

4. 同化功能

同化功能是指通过班级成员之间的从众、感染、服从、模仿、暗示和认同等心理效应，班级文化对学生和教师的价值观和行为模式有一定的影响。班级文化对学生的正向同化作用主要体现在：首先，通过学生良好的精神面貌，形成一个好的班级外在形象，能给学生带来很强的正向、向外效果，有助于形成一个崭新的、更好的、更高水平的班级文化。其次，良好的班级文化对于学生的生理与心理健康具有积极的影响。在和谐的班级环境氛围中和良好的师生、生生交往过程中，学生强化了道德认同感，增强了班集体的凝聚力。最后，当班级学生群体亚文化发生冲突时，班级文化能够整合学生群体亚文化，使不同价值观的群体亚文化融合并达成共识，丰富班级文化内涵。同时，化解学生群体亚文化冲突可以使班级组织内部紧张的关系得到缓解，促进班级和谐。

（二）班级文化特殊的教育功能

班级是面对面培养人的初级群体，班级文化建设是以育人为根本宗旨的。在班级学生面对面交往过程中，班级文化潜移默化地促进个体社会性、个性和身心健康和谐发展。

1. 班级文化促进学生社会化的教育功能

在教育与教学中，以班级发展目标为导向，以班级氛围、班级制度、班风、学风等为载体，构建健全的班级文化体系，使学生习得社会经验、学习目标、社会规范、角色意识等，促使学生从自然人发展成社会人，具体体现在以下几个方面：

（1）班级文化促进学生价值观念的社会化

班集体是一种反映社会需求的群体，是一种传递社会主流文化与价值观的群体。文化教育学的代表人物狄尔泰在《关于普遍妥当的教育学的可能》中认为，教育的过程是一种历史文化过程，而教育的目标则是以"陶冶""唤醒"等方式，把个人的主体天地导向更广阔、更客观、更宽广的文化天地，以塑造健全的人格为目标。

班级文化建设通过班级环境、班级制度规范、班风学风等，潜移默化地"陶冶"和"唤醒"学生，对学生进行教育，引导他们建立正确的世界观、人生观、价值观和审美观，指引他们将自己的需求、兴趣和愿望升华为符合社会期望的学习目标、生活理想和职业理想，处理好个人与集体和集体与群体的关系，将个人的精神生活与社会生活有机地融合在一起。就像杜威说的，"把孩子中的社会性成分去掉，我们就只能得到一种抽象性的事物"，如果我们把个体的成分从社会上去掉，那么我们所得到的就是一种僵化的、不活跃的群体。所以，教学应该从对学生能力、兴趣和习惯的心理研究入手，并对其进行持续的阐述——我们应该理解这些词语的含义，并应该根据与之相应的社会条件来理解这些词语，即根据这些词语在社会中所起的作用。

（2）班级文化促进学生行为的社会化

《教育——财富蕴藏其中》中写道："学会共同生活，学会与他人一起生活，这种学习可能是今日教育中的重大问题之一。"[1] 首先，人是社会性动物，人的交往行为要符合所属群体或社会的要求。班级规章制度是班级文化的重要组成部分，班级的学习活动和日常生活、人际关系等方面都会影响到班级规章制度的形成。比如，显性的班级规章制度、班级纪律、学生守则，隐性的班级舆论、班风、学风，还有教师和学生的行为举止、礼仪规则等，它们都发挥着传递班级规范的作用。它对学生有一种同化力和约束力，能在不知不觉中感染、熏陶，这对学生的言行举止和态度的养成，起着很大的促进作用。其次，设计了班级的共同努力目标，组织了班级文化活动，教授了学生之间的协作交流、化解矛盾的技巧，培养了学生对他人的尊重、理解和容忍。最后，班集体的目标、规范和人际关系对每一个学生都有清晰的要求，其在班级人际关系中的作用由学生的学习态度和成绩、学生间的交往能力等因素所决定。在课堂教学过程中，存在着师生交往和生生交往，还有在集体生活中，存在着各种各样的教育情景。这些都为培养学生的角色意识与角色交流能力，为他们提供了实践的机遇与环境。

（3）班级文化促进学生掌握基础知识和基本技能

英国教育家斯宾塞认为，为我们的生活做准备是教育应尽的职责。这要求教育必须教人学会生存，着眼于社会生产和生活对人的知识与技能的要求。《教育——财富蕴藏其中》提出："希望通过学习来争取生存权利与提高生活质量已成

---

[1] ［法］德洛尔·雅克.教育——财富蕴藏其中［M］.联合国教科文组织中文科，译.北京：教育科学出版社，1996：82.

为人们对教育的追求。因此，应培养人的生存能力并将其作为当代教育的基本宗旨。"[1]健全的班级文化可以让这些特点得到更好的体现，从而让教师们更好地提升自己的课堂教学效果。老师们把在人类社会中经过一段时间积累下来的文化、科学知识传授到学生手中，让他们能够获得在社会中进行生产、生活所需要的经验和技巧，同时培养出他们良好的智力品质和学习能力，为他们进行终身教育，并进一步发展他们的社会能力打下了坚实的基础。

2. 班级文化促进学生身心发展的教育功能

（1）班级文化促进学生情感发展的功能

在班级组织中，学生可以在师生之间，学生与学生之间，发挥彼此的示范作用，并对他们进行潜移默化的培养。要解决好集体要求与个人需要之间的矛盾，要完成集体要求的职责和义务，还要得到丰富的情感经验等，这样才能让学生个体在身体和精神上得到全面、系统的发展。良好的课堂文化氛围有助于培养学生正面的心理，让他们在面对自我、他人和社会时，能保持一种正面、乐观的心态。一个健康的班级文化可以提高班级的团结，可以让学生之间的人际关系变得更加和谐，可以营造出一种团结友善、健康向上的良好气氛，进而让学生的友谊、亲和感、共鸣感、优越感、荣誉感、正义感、自豪感、成就感等正面的个人情感得以持续地生成并加深。

（2）班级文化促进学生心理健康发展的功能

首先在课堂上，学生会对课堂有不同的需要，比如安全感、归属感等，还有更高层次的需要，比如自我实现。良好的班级文化能满足班级成员的心理需求。其次，良好的班级文化能矫正、完善学生的人格。在班级日常交往中，特别是在班级群体活动中，当群体的要求与个体的需求相冲突时，学生存在的问题就会显现出来，如社会交往技能、情绪控制、利己主义、自我中心主义等问题。良好的课堂文化能纠正和完善学生自身的缺点。比如，民主团结的班级气氛可以改变学生以自我中心的心理倾向，纪律严明的班级氛围和集体的监督约束可以帮助自我控制能力弱的学生逐步形成自律意识。

（3）班级文化促进学生个性充分发展的功能

学生个性的形成与发展的核心是学生的自主性、独特性和创造性。首先，班

---

[1]　［法］德洛尔·雅克.教育——财富蕴藏其中［M］.联合国教科文组织中文科，译.北京：教育科学出版社，1996：82.

级文化能促进个体的充分发展，形成个体的独特性。学生的独特性表现在学生的个性心理上，如爱好、兴趣、能力、气质、性格、理想、信念、世界观等。先天的遗传素质和后天的环境影响的不同，可能会造成学生不同的发展结果。班级文化的形成与发展是基于班级成员的状况、通过课堂文化实践而逐渐形成的。所以，课堂文化才能体现出对个人差异的尊重，因材施教，帮助不同的学生充分开发其内在潜能，形成自己的优势和特长。其次，班级文化能促进学生主体意识的形成和主体能力的发展，即自主性的发展。班级成员是班级文化建设的主体，在班级文化建设过程中，通过学生的主体参与，学生的主体意识和主体能力得到发展。最后，班级文化的建设需根据本班班情，创造性地规划实施，这样做能够促进学生创造性的发展。

第二节　初中班级的精神文明建设

一、班级精神文化概述

班级精神文化是班级在教育教学过程中，受一定社会文化背景影响长期形成的文化观念，它是更深层次的文化，在班级文化中处于核心地位。

（一）班级精神文化的概念

如前所述，班级文化是一个多层面、多因素的复杂系统，班级文化的结构要素有多种划分方法，在不同的划分方法中班级精神文化的内涵和外延也有所不同。有学者认为，在精神文化中，有两种具体内容，一种是制度文化、认识文化，一种是班风、学风、师生和生生关系。在课堂教学中，"以人为本"是其核心与灵魂。一些学者认为，班级的精神文化指的是班级文化中的一种观念形态，它主要体现在班级的氛围中。其具体包含了班级的理想、信念、心理认知、价值取向、情感意志和班级舆论、学习态度，还有为班级成员所认可的文化意识和思想。班级精神文化以"隐性课程"的方式，无形地、却又无处不在地对学生的价值观和行为方式产生重要的影响。有学者认为，班风和学风是精神文化的核心内容，它包含了个人和集体的一切精神活动以及结果，是一种以意识、观念、心理等形式而呈现出来的文化，本质上是一个班级共同的价值观。

在对班级文化结构体系进行划分的方法中，最常见的是将班级文化分为物质文化、制度文化和精神文化。以班集体文化结构的基本一致意见为基础，我们认为，在班集体的发展过程中，教师和学生共同认可的教育思想、共同享受的教育理念以及教育价值追求，它是班级发展根本问题的观点，是由班级师生共同构建的班级教育哲学，是班级文化的核心。班级管理是班级创建与发展的一个重要环节，是一个班级的本质、个性与精神风貌的综合体现，也是班级文化的一种深层次的、隐蔽的文化。

班级精神文化不仅包括人们的观念，这些观念提炼后形成的班训、班徽、班歌等符号标识系统，还包括班风，甚至包括由此而形成的班级的性格特色。它们围绕着班级核心价值观形成一个庞大而复杂的集合体，物质的与精神的，具体的与抽象的，有意识的与无意识的……以上要素需有机地结合在一起，而不是机械地堆砌，才能形成班级精神文化。核心价值观是班级精神文化的核心。班训、班徽、班歌是班级精神文化的外在表现，但班级精神文化不等于班训、班歌、班徽等。它们借助于语言文字符号把班级精神文化高度概括并艺术化地表现出来，这是一个很好的宣传手段。在班级精神文化的引导下，班级的个性才会产生，这是构建一个班级精神文化的一项创新举措。然而，班级的精神文化不仅包含了班级的个性，也包括很多班级共同秉承的特性，都是班级文化不可或缺的组成部分。

（二）班级精神文化的结构

班级精神文化是在班级核心价值观指导下，一是以外显的符号标识系统体现，如班训、班徽、班歌等，其中班训是班级文化的集中体现；二是体现在班级的奋斗目标和班级愿景中，班级愿景是班级目标的具体化；三是体现在班级舆论、班风、人际关系中，班风是班级精神文化的灵魂。

1. 核心：班级核心价值观

《辞海》把"价值观"定义为"价值的一定信念、倾向、主张和态度的系统观点"。对于"价值观"这一概念，我国哲学领域的一个较有权威性的定义是："价值观是指人类在社会生活实践过程中，对价值的总体看法，是人类的价值信念，理想，标准，以及具体的价值取向的总和。价值观是人们对于事物是否具有价值、具有什么价值的根本看法，它是人们区分好坏、利弊、得失、善恶、美丑、正义与非正义、神圣与世俗的观念，它是人们独有的关于应该做什么和禁止做什么的约束性规范。"①班级核心价值观指的是有关班级核心价值和基础价值的一整套观点或理念，它是从多种多样的班级价值观中提取出来的具有基础性的或可以为不同价值主体所选择的价值目标。这是一种以学生为中心的精神文化。

班级核心价值观是班级成员对班级精神、班级发展方向、奋斗目标等基本问题的理解与选择，是引导班级日常运作和组织发展的基石和核心。班级核心价值观是班级组织群体的核心价值取向，并不是某一个体或某一类群体的价值观，是班级目标的一部分，它是一种期望，要求，规范的行为。在课堂中，核心价值观并不是课堂目标，而是实现班级诸多目标必须遵循的基本价值原则。这正是核心价值观的"核心"的意义。它能够把其他的各种不同的价值观凝聚在自己周围，并对它们协调、整合和引导。核心价值观既约束从属价值观，又为其提供依据和方向，从而维持价值体系的稳定和统一，使班级得以在一个统一的价值观念体系中顺利运行。

2. 表层：班训、班徽、班歌

人们往往认为，班级精神文化是宏观的、抽象的、隐秘的，是一种难以表达的东西，而忽视了其具体的一面。班级精神文化是可以通过一系列班级中的具体事物表现出来的，其中包括班训、班徽与班歌。班训、班徽、班歌将隐性的班级价值观、班级精神等抽象的意识形态，以凝练的语言或符号，表现为具体的文字符号标识系统，将班级精神融入到这一系列事物中去，再通过独特的宣传形式，使之深植在班级教师和学生的观念中，使班级师生得到真切的体会。它是一种见之以形的、外显的、表层的班级精神文化形态，是班级的形象。

（1）班训

班训是班级精神的集中体现。这是一个班级的教育观念，是一个班级的价值取向，是一个班级的精神，是一个班级的集体意愿、班级文化的发展方向的高度概括，是班级师生共同的追求目标。

（2）班徽

班徽是一种经过设计者精心设计，用一种充满符号意义的图像、色彩和文字，

---

① 李景源，孙伟平.价值观和价值导向论要 [J].湖南科技大学学报：社科版，2007（04）：46-51.

共同组成的具有深意的图案，班徽用来表现班级的核心价值观、班级精神、班级特色以及班级发展过程中沉淀和积累起来的人文精神。

班徽是象（意象）、言（文字）、意（寓意）的结合体，被赋予了丰富的精神意蕴和文化内涵，承载了班级的精神和价值取向，是班级的标志和象征。中小学的班徽常用文字或拼音，将班名或班训用不同的字体排列在班徽中，拼音字母或是班名、班训的全称，或是开头字母组合在一起，文字有时是班级名中数字的变形，有的字母或文字还被赋予特定的班级精神含义。意象是班徽的核心部分，班徽意象的营造是为表现特定的班级精神寓意服务的。寓意寄托在意象中，通过形状、图像和颜色来表现，具有隐喻功能和象征功能。

（3）班歌

国歌是一个国家和民族的号角，班歌是一个班级的精神火炬和旗帜。班歌通过优美的旋律、和声、节奏和辞章等，表达班级师生朝气蓬勃、坚毅宽广、积极向上的情感和胸怀。它是班级师生发自肺腑、引以为豪的心声，发挥着强大的精神凝聚力和艺术魅力。它是一个班精神面貌的象征，其思想内容反映了班集体的精神，给了班集体一种力量、一种勇气、一种责任感、一种荣誉感、一种自豪感。这种体验会激励每一位成员为拥有好的班级而更加努力，将激发每个班级更好地学习。班歌的创作应针对各班的特点，可由教师写，也可让学生自己写，没有条件的可以选择体现班级精神风貌、学生喜欢的、积极向上的歌曲直接做班歌；也可以让学生进行适当的创编，如《真心英雄》《爱拼才会赢》《让世界充满爱》等。

3. 中层：班级目标和班级愿景

班级价值观是班级成员对自身教育活动存在价值的思考和总结，其本身就是班级奋斗目标。班级目标是指根据实际需要和班级核心价值观，确立班级发展所要达到的一种理想状态。愿景是班级长期奋斗的理想目标，其立足点是班级价值观的创新，其目的是成为独具特色的班级，回答的问题是建设什么样的班级、具有什么样的功能和达到什么样的水平。班级愿景又被称为班级"共同愿景"，它既是班级目标的具体化，也是班级成员对班级目标取得共识的结果。

4. 深层：舆论、班风、人际关系

舆论是众人的言论。所谓班级舆论，就是得到了班上大多数人同意的具有一定影响力的意见。班上舆论不仅反映了班上成员的思想和态度，而且也是一种深层次的精神文化，对构建良好的班风具有重要意义。班级舆论对班级师生具有约束、感染、熏陶和激励的作用，会无形地支配班级成员的行为和集体生活，它是一种潜移默化的、看不见的教育力量，它起着班规无法取代的作用。

人际关系一般是指在群体交往过程中，人与人之间形成的比较持久和稳定的社会关系与心理关系。班级人际关系主要是指班级成员在班级群体交往过程中所形成的比较持久和稳定的社会关系与心理关系，师生关系和生生关系是班级最基本的人际关系。良好的班级人际关系有助于促进师生交流、可以有效地避免并消除一些不必要的矛盾与冲突，从而充分发挥出班集体的教育功能。建立和谐的班集体关系，对班集体的文化建设具有十分重要的意义。首先，教师要形成正确的学生观，尊重学生的情感与意愿，建立教师与学生之间平等的关系。其次，教师在教学中要注意对学生进行交际技能的训练，加强思想教育，引导学生形成良好的师生关系和生生关系。

班风是指班级的作风和风气，是班级师生在价值态度、思想意识、行为习惯、处事风格等方面表现出来的班级特有的精神面貌，是班级"个性特征"的体现，是班集体形成的标志。班风是班级文化的灵魂和精髓，优良的班风潜移默化地影响着班级成员，对班集体具有重要的教育作用。

（三）班级核心价值观的分析维度

班级核心价值观是班级群体的核心价值取向与基本价值原则，是一个班集体的核心，一个班集体的核心价值观念是一个班集体的精神文化。每一个班级都会在自身的特征和目标的基础上，构建出一个具有鲜明特色的班级精神文化。然而每个班级都是具有独特思想行为的复杂结合体，我们无法以某个班级的精神文化建设为样本，只能针对不同班级的不同情况，创建适合班级的班级文化。根据当代学校教育的基本价值取向，我们尝试提及几个班级核心价值观的维度，仅给教育者提供班级核心价值观分析的思考角度。

1.真善美

真善美是人的生存境界与主要追求。"真"是人的理性层面的生存境界与追求，"善"是人的伦理道德层面的生存境界与追求，"美"是人的自由价值层面的生存境界与追求。

第一，班级文化"求真"的价值取向，重视学生科学理性的培养。科学理性是现代社会普适的价值标准，是班级教育教学的基本逻辑，是班级文化的基本价值取向。班级教学理念、知识、学习方法以及班级管理都应具有科学理性，把科学精神渗透到当代班级教育教学与管理的各个方面。学生尊重科学理性，追求科学知识，逐渐养成了一种科学理性的态度，一种思维方法，一种科学的世界观，追求科学、传播科学、捍卫科学已经成为一种风气。

第二，班级文化"求善"的核心价值取向，关注学生伦理德性的养成。广义的"善"即"好"，应"彰善瘅恶"，善是中国传统道德的伦理基础和道德标准。亚里士多德曾说过："善是人类本性意义上的目的，是人作为一个种类所特有的追求目标，善对人类最终意味着幸福，即拥有善，就会使一个人幸福。"[①] 道德意义上的善是狭义的，是指涉及人伦关系的好的行为。善是道德意义上的好和道德行为策略的好，是协调人际关系，以社会整体利益和群体合作求生存。斯宾诺莎也曾说过："所谓善是指我们所确知的任何事物足以成为帮助我们愈益接近我们所建立的人性模型的工具而言。"[②] 中小学生处于德性的形成时期，可塑性强，人性德性的养成至关重要。

第三，班级文化"审美"的价值取向，关注人性的完满，注重人的自由实现。席勒在《审美教育书简》中，希望通过审美的解放力量，重建文明。马尔库认为，要在人性中恢复理性、自由、美、生活的欢乐这些感受，艺术审美的批判是实现变革的关键。班级文化的审美维度的核心是贯穿文化建设中的人性美，是对人的价值的肯定，是对自由发展的期盼。班级文化的价值取向应注重理性、道德、审美的统一。

2. 生命

教育是一项直接面对人的生命、通过人的生命、为了人的生命质量的提升而进行的社会活动，它是一个在以人为本的社会中，最能体现生命关怀的一项事业。人所面对的不仅仅是自然世界，更是一个文化世界。人的生命的更深层次是人的精神生命，人的生命的独特性在于生命的文化本性。在科学理性至上的视域里，教育漠视人的生命意识和信念、漠视生命的意义和文化本性的现象时有发生。因

① ［美］麦金太尔. 德性之后 [M]. 龚群，等译. 北京：中国社会科学出版社，1995：14.
② ［荷兰］斯宾诺莎. 伦理学 [M]. 贺麟，译. 北京：商务出版社，1981：169.

此，班级文化的价值取向要关注人的生命意识和文化本性就显得尤为重要。

3. 发展

学生是发展中的人，班级作为专门的教育组织，对于学生的发展具有不可推卸的责任与使命，发展理应成为班级文化最为重要的价值取向。在班级日常教育教学活动中，根据学生的天性、兴趣、需要以及学生的年龄特征和个体差异，充分发挥学生的主体性，形成学生正确的自我认知，培养现代社会所需要的具有创新精神、实践能力的人才，寻求一种健康、稳健、超越、和谐发展的教育境界。

4. 平等

平等是现代社会的基本价值取向，班级为每个学生提供平等的学习机会，保障每个学生都有均等的成长机会。在班级中，同学之间要友爱合作，形成一种团结友爱的气氛。因此，教师要尊重和保障每个学生的平等发展权利，同学之间要平等相处、友爱合作，这是班级文化的基本价值取向。

二、班训与班级精神文化建设

（一）班训对班级精神文化建设的意义

班训是班级精神文化的集中体现，也是班级文化建设不可忽视的部分。2004年12月13日教育部、共青团中央《关于加强改进高等学校校园建设的意见》指出，应该加强校园人文环境建设，要对校训、校歌、校徽、校标进行明确，鼓励大学生牢记校训、学唱校歌、佩戴校徽、使用校标，激发大学生热爱学校、刻苦学习。班训、班徽、班歌对于弘扬班级精神，激励学生热爱班级、勤奋学习同样具有重要意义。开展班级形象设计活动，通过班训、班徽、班歌的创作，发挥班级师生的智慧与力量，将抽象的精神文化实化为具体可感的形象，创造性地设计班级自己的标识符号。教师引导学生创建班级的特色，设计班训、班徽、班歌的活动应体现班级的价值观和班级精神，明确班级的价值追求。

首先，班训是班级精神文化的集中表现，体现了班级的核心价值观。它承载着班级先进的教育理念，寻求班级成员的认同，潜移默化地影响、改变学生的行为，从而形成一种强大的凝聚力，有效解决班级问题，促进班级良好的发展。其次，班训蕴含着班风、学风、教风，教育学生如何做人做事，班歌鼓舞了学生的士气，班旗增强了学生对班级的骄傲和自信。这种形式促进了班风的形成。最后，班训丰富了班级的管理形式。最好的管理不是人的管理，也不是制度的管理，而是文化的管理。这也成为很多企业和公司的共识，他们纷纷建立自己的企业文化，为企业的发展提供不竭的动力。班级是求知的殿堂，文化管理至关重要。

（二）班训的概念、特征及功能

1. 班训的概念

训，即规范、准则。班训是班级精神的集中体现，它将班级教育理念、价值取向、班级精神、班级成员的共同意志、班级文化的发展方向等加以高度概括，提炼出极其简洁的词句，是班级师生共同遵守的言行规范、共同追求的精神目标。班训一般以格言、箴言、座右铭等形式，如"知耻、明志、好学、力行"，"乐学善思、自重自信"等，言简意赅、内容丰富、特色鲜明。一个好的班训，不仅能够反映出班级的特点、风格，同时也具有时代文化、地域文化的积淀与沉积，是班级文化中的重要部分。

2. 班训的特征

（1）内容的凝练性与时代性

班训把对师生的要求高度凝练在简洁的文字中，内容丰富严谨，语言形式优美。陈桂生将学校的校训归纳为"四言八字""二言八字"，而形成的班级训词也应该以语言简洁，通俗易懂为特征。语言的凝练、优美使得班训很容易被记住，并把班级文化的内涵上升到更高层次，给人留下深刻印象。

如果说一所大学的校训能体现出一所大学深厚的文化底蕴的话，那么一堂课的教学内容则更能体现出一种时代精神。比如，有些课堂教学用语就是英语格言"Just do it"（尽管去做）"God helps those who help themselves!"（自助者天助）有的班训甚至是一句广告词："没有最好，只有更好。"福建一小学班级则将福建一首民歌的歌名"爱拼才会赢"作为班训。

（2）形式的针对性与灵活性

班训以凝练的语言引导和规范全班师生的日常行为，同时提出师生应遵循的基本行为准则，指引师生向着正确的方向发展，并努力使之形成一种信念。由于每个班级都有自己的价值观念、教育观念、教学目标等，所以提炼班训时不仅要遵循国家的统一意志、学校办学特色和核心价值取向等，还要针对班级的性质、特色等，鲜明地体现班级的特点和风格。在一个整体中，班级并不是一个一成不变的团体，它会不断地产生新的情况和问题。所以，伴随着班级的发展和问题的产生，班训也应及时调整。相对于校训的稳定性，班训较为灵活多变。例如，高一某班的班训是"敬、竞、进、静"，但是伴随着高二学习竞争压力的增大以及班级团结等问题的产生，班训也改变为"团结紧张、拼搏进取"。

（3）目的的战略性与阶段性

班训作为班级文化的载体，同样需要处理现实和理想的关系。好的班训不能脱离现实的要求，同时还应具有战略前瞻性。班训在学校和班级的长期实践中不断完善，对师生产生长远的影响。班训既有培养学生人格的作用，也有培养学生"自律自信""超越自我，走向成功"的作用；也能作为班级团结的体现，如"做最好的自我、创最好的班级""手拉手，心连心，我们都是班级小主人"；也可以是具体的学习目标，如"挑战自我，绝不放弃，高考场上显身手"等。与校训相比，班训的目的是针对班级实际，表现班级发展不同阶段的特征。

（三）班训的功能

1.导向功能

班训是班级精神的集中体现，对班级成员产生潜移默化的影响，体现班级成员的奋斗目标。它是班级的航标，有指导和牵引班级成员的作用。如"勤学、善思""自信、自尊、自律"等班训，体现了班级文化建设和学生努力的方向。如北京市大兴区红星中学的陈阳教师在开展班级文化建设的过程中，以"勤"为中心，指导学生"勤于思考，勤于学习，勤于做事，勤于节约"，引导家长"勤督促、勤沟通、勤自律、勤自省、勤教育"，逐渐形成了以"勤"字为核心的班级文化。

2.规范功能

班训是班集体对班级成员的训诫、规范，是为群体所确立的行为规范和标准。它明确了班级成员的行为模式与标准，对班级成员的行为起到约束作用。班训的规范功能多体现在对班级成员的观念制约上，使班级成员在精神上约束自己，也让自己的行为符合集体的行为标准。

3.凝聚功能

凝聚是指凝结、集中。凝聚力是指群体成员间为实现群体活动目标而团结协作的程度。班训的凝聚功能就是指班训对班级成员的凝结、集中的功能。班训是班级成员的奋斗目标和理想追求，它体现着班级成员共同的价值取向。这种共同价值取向和理想追求会激发班级成员对班级的认同感和归属感，从而形成班集体强烈的凝聚力、向心力。在这个过程中，班级成员会自觉地将班训作为自己行动的规范，把个人利益与班级利益紧密联系在一起，使自己与班级一起"同呼吸、共命运"。班训越是鲜明，越能突出班级特点，这种向心力、凝聚力也越强，班训的凝聚功能也就越强大。

4. 激励功能

班训是一个以实际为基础，又超越实际的集体活动，是一个以实践为基础、为目的的集体活动。这在客观上促使全班同学朝着一个共同的目标努力，从而将全班学生凝聚在一起。北京昌平区二一学校的高春燕教师在班级文化建设总结道：有一次几个同学告诉我，每当自己贪玩、上课注意力分散、厌烦学习的时候，经常能想到自己和教师、同学一起制定的班训，想到竞争上游的班训内涵，于是就激励自己向着目标努力。《关于校训的思考》一文中有这样的描述：校训是一种学校师生都要遵循的行为规范，它可以把学校的内在精神融入每一个人的内心世界中，从而发挥出支撑师生精神世界、重铸师生心灵的功能，可以激励师生继承传统，保持学脉，增强凝聚力、荣誉感、责任感。通过对校训的认真实践，可以在学校内形成良好的氛围，从而形成一种具有广泛影响力的精神力量，激励并指引着教师和学生的终身发展。其实，班训亦同此理。班训是班级精神文化的内核，它引领着班级文化建设，将班集体的奋斗目标凝练、浓缩并注入每个班级成员的心里，它是班级前进的指路标，引领师生朝着班级的既定方向前进。

（四）班训的建设

1. 班主任要与学生一起协商制定班训

学生是构建班级文化的主体，并且在构建班级文化的过程中，班级成员相互接纳、相互融合、共同创造。班主任与学生一起协商制定班训，正是遵循班级文化形成的规律、体现班级文化趋同特性的过程。制定班训时，师生首先共同从班级生活中发现问题、提出问题、达成共识，再加以高度概括，提炼出班训。班级成员的参与过程还可以调动班级每位成员参与班级文化建设的积极性，使制定班训的过程成为班级成员深入理解、深刻领悟内涵的过程，成为内化班级文化核心价值、认同班级精神的过程。

2. 班训的制定要符合班情

班训的制定要符合班级实际情况。在制定方案的时候，要将学生所在年级、年龄特点、认知水平、性格特点、整体素质以及班主任的教育理念、带班风格、个性特点等因素考虑在内。一条适合班级实际情况的班训，可以更快地获得学生的响应，也可以更快地把它当成自己的努力方向和行为标准。只有在这种情况下，班训的作用才会最大，最强，从而推动班级精神的形成。

有些教师将自己的爱好、个性特点、教育理念与班级情况结合来制定自己所带班级的班训。北京大兴区采育中学的刘德生教师特别喜欢阅读，还非常喜欢向同事、朋友推荐好书、好文章，并与他们交流读书感悟、心得。他新学年接手的班级，学生的学习成绩一般且缺乏积极向上的学习、生活态度，缺少青年人的热情、朝气和对生活的憧憬。他就结合班级现状和自己的兴趣爱好，确定了"读书——为精神打底，为人生奠基"的班训，鼓励学生做一个精神充实、有目标、能克服困难、勇于拼搏奋斗的青年。学生特别认可这则班训，并在这则班训的感召、鼓舞下，精神状态发生了巨大变化。

3. 班训要简洁鲜明

班级文化有其独特性，班训是班级文化核心价值取向的高度概括。因此，班训应像独具特色的班级名片。余秋雨在一次关于都市文化的讲座中说道："当人们走在各座城市的时候，最大的困惑可能莫过于这些城市正在以极其相似的面目不断地重复。"班级文化也一样，没有自己班级独特的、个性鲜明的文化，班级就如同一间间同样配备的空教室。富有个性、主旨鲜明的班训就是独特的班级文化的体现。

美国西点军校的校训"责任、荣誉、国家"，经过历史的沉淀、发展，这则校训鲜明地体现了西点军校对学员的基本道德要求和最终目标。校训简洁，主旨鲜明，是西点军校的精神结晶。班训也应如此。北京大兴庞各庄第二中心小学六（4）班的班训是"顽强、进取、向上"，三（2）班的班训是"宽容、大度、朴实、无华"，北京大兴红星中学初二（2）班的班训是"善思、乐学"。这些班训就像一张张语言简洁、要求具体、特色鲜明的名片，展示着各班特有的班级文化。

4. 班训内化为学生的共同目标和精神追求

只有班训内化为学生的共同目标和精神追求，才能真正体现价值，实现其导向、规范、激励、凝聚的功能。这个内化的过程就是班级文化发挥同化作用的过程，也是班级成员趋同于班级文化的过程。通过班训这些文化要素的外显载体，班训所体现的班级核心价值观、班级精神也就更加形象、具体，更加便于被学生理解、接受，并将班训内化为自己的奋斗目标、行为准则。

三、班级愿景与班级精神文化建设

（一）班级愿景的涵义

1. 愿景的涵义

"愿景"作为管理专业知识中的用语，首先出现在企业管理领域，随后被引入其他管理领域，包括班级管理领域。美国组织管理学专家彼得·圣吉认为"共同愿景"是"组织中人们所共同持有的意象或景象，它创造出众人是一体的感觉，并遍布到组织全面的活动，而使各种不同的活动融汇起来"，"它是在人们心中一股令人深受感召的力量"，它回答"我们想要创造什么"。

2. 班级愿景的涵义

班级愿景是基于班级成员的个人愿景，经过充分的酝酿与讨论，为班级成员所认同并愿意践行的班级共同愿景。中小学班级学生年龄相仿，学习能力相近，学习目标和学业任务基本一致，为大家所共享的班级愿景比较容易达成。因此，确立班级成员共享的阶段性发展目标，激发班级成员集体荣誉感、竞争意识、归属感，使得班级成员愿意团结协作，愿意共同为之奋斗而努力，阶段性的班级愿景就能够得以实现。在实施"愿景"的过程中，学生不仅可以完成他们的中心自我愿景，还可以完成集体愿景，从而带动全班同学的愿景。"和而不同""兼顾学生个性特征"和"班集体共同特征"是构建"班集体理想"的核心价值观。

3. 班级愿景与班级目标

班级愿景是和班级目标相联系的，班级目标是愿景的核心。班级目标是根据国家教育目的，具体化为各级各类学校的培养目标，再具体化为班级的目标和要求。它是班级社会功能的体现，不是班级成员个体所能决定的。对于班级成员个体来说，班级目标是外在的要求。一个正确的班级目标虽然是外在的要求，但是却有内在的意义，也反映了个体的内在发展需求。班级目标要发挥作用，就必须内化为班级成员的内在要求，班级愿景是班级目标内化的结果。此外，班级目标是抽象观念，但是班级愿景是形象的生活图景。在班级文化建设中，必须将抽象的、观念的班级目标转化为具体的、形象的、有感召力的班级愿景。

（二）班级愿景对班级精神文化建设的意义

1. 班级愿景建设彰显班级文化的功能

班级愿景建设源自班级成员对班级共同奋斗目标的反思，是建立在班级成员的个人愿景的基础上，且为班级成员所共同认同，这样就能调动学生的积极性。通过构建"愿景"，可以使班集体的导向、凝聚、激励、规范等功能得到很好的发挥。首先，愿景建构对于班级及班级成员的价值观及行动方向有引导作用，并促使其与班级共同设定的目标相一致。其次，班级愿景建设体现班级的价值追求，当价值观被班级成员一致认同时，会产生向心力和凝聚力，班级愿景的构成有着促进班级团结的功能。再次，班级愿景建设过程使班级成员内心产生一种积极进取的精神状态，要充分发挥班级文化的激励功能。最后，班级文化通过班级制度和行为规范约束班级成员的言行，其在班级愿景建设过程中对班级所有成员的观念和言行具有规范作用。

2. 班级愿景建设促进班级文化内核的建设

班级文化包括班级成员共享的价值观念、班级精神和行为规范等要素，各个要素相互联系，班级文化建设集中表现为塑造、渗透、贯彻班级价值观。首先，班级愿景建设通过建设班级所有成员一致认同的愿景，在课堂上，我们要努力培养学生的核心价值观念。其次，实施和宣传班级价值观念是一项漫长而又繁重的工作，在对班级愿景观念进行反省的同时，也要将学生对集体的认同凝聚起来，引导学生不断地去践行，这样才能逐渐地建立并落实他们的目标和价值，进而促进班集体的发展和学生的成长。

3. 班级愿景建设符合学生心理特征，促进班级文化建设的实现

首先，班级愿景符合青年学生自主的心理特征。班级愿景建设尊重班级学生的自主选择、情感需求，由学生自己选择个人和班级目标以及实现班级目标的路径，充分发挥学生的主体性。其次，共同愿景建设符合学生积极向上、外向求新

的心理特征。学生充满理想、积极向上、渴望进步，希望不断超越自我，愿意分享自己的思想和情感，班级愿景正是学生表达积极向上的思想和情感的平台。最后，班级愿景建设符合当前学生渴望归属的心理特征。当前，我国学生大多为独生子女，缺乏同伴交往，较为孤独，渴望友谊和班级归属，在班级愿景建设中班级成员形成的热情与力量，可以引导学生共同经历创造班级文化。

因此，班级愿景建设对班级精神文化建设有着无法替代的作用。

（三）班级愿景的建设

根据国外学者的相关研究，"愿景"形成直至其被接受为"共同愿景"需要一个过程。

1. 愿景的显现与产生

班级共同愿景的显现与产生是愿景建设过程首要的一步。班级愿景的呈现与产生是一种自下而上的班级组织沟通过程。根据班级成员对班级及自身过去与未来、成就与问题的反思，对班级目标和个人愿景的反思，逐步明确班级阶段性目标与愿景，激发班级成员形成共同愿景并为之奋斗的实践意愿。教师激发学生共同塑造班级共同远景一般经历以下几个阶段：首先，应明确方向。教师应引导学生反思班级发展的过去与未来、成就与问题，明确班级愿景的方向。其次，应引起动机。教师需向全体同学阐明班级愿景的意义和价值，激发学生参与愿景的热情。最后，应发展学生个人愿景。教师应组织学生探讨他们理想的班级和理想的自己，帮助学生逐步确立个人理想的愿景目标。

2. 愿景的确立

（1）确认班级核心价值观

汇总班级所有成员个人愿景的目标与特征，在教师的引导下，形成班级成员公认的班级核心价值观。

（2）评鉴与表述班级愿景

评鉴与表述班级愿景应遵循以下基本要求：第一，具有教育价值。根据学生的"最近发展区"确立班级愿景，促使班级成员主动参与并不断超越自我。班级愿景应与学校教育的价值观相一致。第二，表述具体明确。班级愿景的表述应具体、清晰、易懂，能够用语言或图形陈述，但文字不宜过长。

（3）撰写班级愿景方案

班级愿景方案一般包括四个部分。第一，学校教育目标。学校教育目标是确立班级目标的重要依据。第二，班级目标。班级目标是班级愿景的灵魂。第三，班级学生分析。具体分析班级学生的年龄特征和实际状况，分析班级目标与班级现实状况的差距。班级学生现实状况是班级愿景制定的出发点，班级发展目标是愿景制定的着眼点。第四，撰写班级愿景方案。班级愿景方案的制定应积极向上，具有个性特色。

3.愿景的实施

愿景的执行与实施是关键，周期长、难度大。愿景设计、共享和展示的过程比较容易激发班级成员的积极参与和班级凝聚力，但是如果愿景执行与实施工作没有及时跟进，班级愿景建设就会流于空洞的宣言。愿景实施的关键在于班级愿景的强化和坚持，使班级愿景生根和扩散。首先，教师要引导学生制定切实可行的目标，让学生有具体明确的奋斗方向，使愿景生根落地，让学生有具体明确的依循方向。其次，教师要通过开展愿景实践活动，搭建平台为学生实践愿景。最后，在愿景实践过程中，要引导学生反思自身实践，实现自我超越，进一步改进完善愿景。

愿景建设需要持续创造和逐步推进。愿景建设具有其阶段性的指标，更是一项永无止境的任务，需要根据班级的新现状、新目标、新缺失，定期再造新愿景，然后进行新一轮的愿景建设。

四、班风与班级精神文化建设

班风是班级文化的集中体现，是班级文化的灵魂，它具有强大的凝聚力和感召力。如果说制度文化是班级文化建设的有形之手，那么良好的班风就可称得上无形之手，会无形地鼓舞支配着班级成员的行为和集体生活，潜移默化地影响着学生身心的健康发展。良好的班风在班级文化建设中具有十分重要的作用。

（一）班风的内涵及对班级文化建设的意义

班风与班级精神有着本质的联系。一方面，班级精神所营造的氛围，弥漫在每个班级成员周围，使每个成员的言行举止都浸染上了它的色彩和痕迹，这种氛围久而久之便形成了一种风气，即班风；另一方面，班风属于班级精神文化但又不等同于班级精神，它是班级精神具体、感性的外化形式。也就是说，班级精神要通过班风反映出来。所以，班风是班级文化的集中体现，班级文化建设要抓好体现班级精神实质的班风建设。

学生在学校学习、生活的具体环境是班级，班集体对班级成员的作用是巨大的。班集体的风气、班级核心人物、班级推崇的行为等将直接影响班级大多数成员的价值观念、思想认识、行为方式。良好的班级风气一旦形成，直接受益的是大多数班级成员。虽然班风是一种无形的精神状态，但它对于班级成员具有强大的教育力量。在一个积极上进、严谨认真的集体中，懒散的学生会受到鞭策；在一个是非分明、凝聚力强的集体中，自私自利、唯我独尊的人就没有市场。

（二）班风的形成

在班风建设中，班风的标准和具体行为规范是建设的具体目标，这一具体目标要落实到班级活动中。在丰富多彩的班级活动中，形成正确的班级舆论以及班组织的骨干力量，催人奋进的班风就一定能形成。但班风的形成不是一蹴而就的，它的建设一般要经历生成期、成长期、内化期和成熟期四个主要的阶段。

第一，班风的生成期。在这一时期，班风的要求相对于班级成员是外来的、强加的。因此，教师要重视发挥各项规章制度和舆论的宣传作用，以便解决集体要求与个人要求之间的冲突；要让学生理解班风的要求、意义，明确个人和集体的关系。第二，班风的成长期。在此阶段，一部分班级成员接受了班风的要求，但还有部分成员没有认同。这是班风形成的关键期。因此，要借助集体中的榜样来加强对班风的宣传，进行示范教育，并开展有针对性、教育性的活动，引导班级成员感受班风的内涵，发挥心理环境的同化作用，使班级成员认同班风的要求。第三，班风的内化期。在此阶段，班级成员整体上接受了班风的要求，但还要继续加强，使班级成员更加深入地理解、内化班风的精神和要求，并自觉地付诸行动，进而形成习惯。第四，班风的成熟期。在此阶段，班风的要求已基本成为绝大多数班级成员的自我要求，可以说已基本完成了班风的内化过程。这个阶段，班风对班集体已具有教育力量。

班风形成机制复杂，大致包括三方面的成因：班主任的角色干预、学生个体或群体的带动、学校风气的影响。

1. 班主任的角色干预

班风的形成过程就是班级文化渗透和浸润的过程，在这个过程中，班主任起主导作用。《说文解字》中解释"教"的意义是："教，上所施，下所效也。"班主任的人格魅力、业务能力、学识修养、管理风格等方面都会影响班级学生，成为学生的发展榜样和精神引领。所谓"亲其师，信其道"，班主任的角色干预对班风的形成具有重要作用。所以，班主任在班风形成过程中应扮演"引领者"的角色。

2. 学生个体或群体的带动

学生是班级建设的主体，他们对班风的形成和发展也可以起到导向作用。我们经常可以见到班级中个别学生或某个群体的存在对班风的重要影响，比如，班级中存在几个体育尖子生或者文艺特长生，如果他们的表现比较活跃，就可能使班级其他学生受到带动，使得班级风气偏向于热爱运动或者文艺。

3. 校风的影响

学校积极的、活泼的校风势必会吸引和带动班级风气的发展，刺激班级成员参与学校各项事务和活动，从而影响班级风气的形成与发展。

（三）班风建设的方法

1. 明确班级精神

班级文化建设中必须要有明确的班级精神，使班级成员的思想和行为有清晰的方向和指导原则。缺乏班级精神的班级文化建设一般是随性的、散漫的、毫无脉络可循的。班风的形成过程往往是自发的、无目的的。因此，一个班级良好风气形成的前提是：班主任应该与学生一起明确班级精神，以它作为班级风气的精神引领，刺激学生的参与欲望，并在实现班级精神的过程中形成特有的班风。

2. 强化集体舆论

班集体舆论是班风的重要表现形式，也是班风建设的重要内容。因此，在班风建设中，要积极大力宣传，形成健康的集体舆论，强化班风的约束和激励作用，形成班级师生的集体意识。学生的正确认识是形成健康舆论的基础，班主任要善于启发、引导。班主任作为班级活动的组织者、领导者，要经常组织学生评论班级各种事情并及时加以启发和引导，以确保班集体舆论朝着积极、健康的方向发展。

3.学生骨干的引领示范

学生骨干在班风建设中起着重要的作用，他们是具体执行班风建设计划的得力助手，发挥着引领示范作用。班主任要善于发现、培养能够促进班级主流价值观形成的学生个体或群体骨干。因为一个班级良好风气的形成，往往还受到班级个体成员或班级学生群体的优秀品质的影响。

4.班级活动的开展

开展丰富多彩的班级活动是班风形成的重要机制之一。有了这些活动，班级就像一个温暖的家，温馨四溢。班级成为互爱的平台，学生都自发自觉地付出自己真诚的爱，这成了班级成员的一种行为特征、一种风尚。

5.抓班级常规

班级常规管理要坚持经常化、制度化、科学化。班风对班级师生的影响是一种自觉自律的行为，而规章制度是带有强制性的，在此影响下，学生的行为是一种外在他律的行为。学生自觉自律的行为需在规章制度约束的他律的行为基础上，经过学生努力逐步形成。因此，在班风建设中，必须依靠常规工作的制度化、经常化、科学化，通过班级规章制度的制定与严格执行，从而使班风建设有章可依、有规可循，促进良好班风的形成。

第三节　初中班级的物质文明建设

一、班级物质文化概述

（一）班级物质文化的定义

班级作为教育的主要场所，是教育活动得以顺利进行的空间依托和物质基础。班级物质文化作为班级文化的重要组成部分，同样也是班级文化存在和发展的物质基础。有研究者认为，班级物质文化是指班级文化中的实体部分，主要包括班级教室的布置、活动设施的购置以及班级卫生状况等。还有研究者认为，班级物质文化是指可以表现班级思想与价值观念的物质手段。有研究者将"物质文化"又称为"视觉文化"或"器物文化"。

学者对班级物质文化的内涵理解不尽相同，但是他们都强调班级物质文化的物质实体形态，其存在方式表现为实体形态的多样性，其基本形态是教室等有形物质文化形态。班级物质文化是班级文化的物质基础和外部表现形态，它是班级主体同班级物质环境相互作用的产物，是班级主体展开教育教学活动的空间基础和物质条件。因此，我们认为班级物质文化是指班级有形的物质实体文化形态，满足班级成员教育教学活动的实用需要，并蕴含着班级价值追求、教育理念和审美情趣的文化形态，是班级文化的物质基础和条件，也是班级文化的物质载体。

"物质"与"物质文化"是有区别的。班级教室等有形的物质实体，并不等同于班级物质文化，单纯的班级物质环境等只是班级文化的"符号"和"载体"，本身不具有文化内涵和精神实质。班级物质环境必须是整个班级文化有机和谐的组成部分，体现班级成员所传承和分享的价值理念和精神信仰，具有环境育人的功能。良好的班级物质环境并不等同于良好的班级物质文化，班级物质文化建设并非盲目追求物质条件。将班级物质文化与物质环境等同起来的理念，漠视了班级物质环境所承载的班级价值追求和文化理念。

（二）班级物质文化的特性

1. 教育性

联合国教科文组织在《21 世纪的高等教育：展望和行动》中提出：除了正规的课程以外，学生的置身环境也是一种教育要素或反教育要素。斯坦福大学首任校长约旦在开学献辞中曾说道："长长的连廊和庄重的列柱也是对学生教育的一部分。四方院中每块石头都能教导人们体面和诚实。"[1] 班级物质文化对学生具有潜移默化的教育作用。班级物质文化的构建承载着班级精神、价值追求、教育理念、审美情趣等，其中蕴含了丰富的、无形的教育元素。学生在与班级物质文化接触的过程中，会不知不觉中受到环境的熏陶，德、智、体、美等方面得到全面发展，学生的情感、态度和世界观、人生观受到潜移默化的影响。班级物质文化是班级文化的外显，是一种物质实体形态，具有巨大的教育功效。

2. 实用性

班级物质文化是以其满足班级成员教育教学活动的实际需要为第一原则，它是班级教育教学活动正常运行的条件与保障，同时班级物质文化是班级精神文化

---

[1] 邵兴江.学校建筑教育意蕴与文化价值 [M].北京：教育科学出版社，2012：186.

和制度文化的物质基础和物质保证。班级物质文化环境构成了班级环境的主体部分，班级物质环境主要表现为班级教室的合理布局以及班级教室的基本设施和空间布局，它满足班级成员教育教学的实际需要，直接影响班级成员的学校学习和生活质量等。

3. 人文性

班级物质文化蕴含着深刻的文化底蕴和人文情怀，反映和折射出班级价值追求和审美情趣。班级教室的空间布局、墙面文化等环境文化形态深刻地反映了班级成员的人文精神和教育理念，更凝聚和寄托了班级成员的价值追求、精神信仰和审美情趣，体现了班级成员的生存状况、精神风貌和教育追求，教室和寝室等基础设施的建设也体现了以人为本的人性化的关怀。班级物质文化将超语言性的班级精神文化的隐喻，寓于直观表象的班级物质空间形态之中。它是班级精神的载体，是班级人文精神外化的物质形态。

（三）班级物质文化的功能

班级物质文化建设集中反映了班级成员与物质环境的相互作用关系。班级物质文化环境的形成和发展过程是班级成员不断加工的结果，师生不断赋予班级物质文化以新的精神理念和文化内涵，通过对班级物质实体环境的不断改造，重建班级物质文化，从而形成班级物质实体文化。班级物质环境满足班级成员教育教学活动的实用需求，师生在班级物质文化环境中受到熏陶，实现班级物质文化的教育价值。

1. 表达功能

班级物质文化作为班级文化的基本要素，是其他各种班级文化得以存在和发展的物质根基和载体。形态各异的班级物质文化承担的基本功能即物质性功能，满足了班级成员对于学习与生活等活动的物质需求。整齐洁净、设施齐全的教室和寝室等提供了高质的教学生活环境，是班级物质文化实现其自身物质实用功能的体现。同时，班级物质文化作为表层的实体文化，是班级精神文化、制度文化和行为文化的物质载体，通过有形的物质文化才得以直观展示班级精神文化、行为文化和制度文化。班级墙面文化等展示着班级的精神风貌，班级成员的行为文化通过有选择地作用于班级物质文化环境而显现在视觉世界，班级物质文化也是制度文化的外在符号形式。

2. 教育功能

班级物质文化蕴含着教育功能和激励作用。班级的物质文化环境是学生的生活体验和接受教育的场所，物质文化环境作为一种载体文化具有深刻的教育内涵。班级的物质文化经过设计者的巧妙构思和布局，是班级教育精神和教育理念的直观体现。充满人文气息的班级环境能够激励学生积极向上、实现自我。

3. 审美功能

班级物质文化可以培养学生的审美观和审美能力，提升学生的审美水平。除了以专门培养学生审美能力为目的的学校艺术课堂外，班级物质文化因其自身所包含的审美追求和美学内涵而对学生的审美观念、情感、态度、价值观产生极大的影响。而班级物质文化通过审美怡情的方式让学生以轻松愉悦的心情面对学习，使学生能够更加高效地投入学习生活中去。

二、班级物质文化建设的原则与问题

教室是教育教学的主要场所，班级物质文化以教室环境为主要内容，教室环境布置是班级文化的基础及其水平的外显标志。搞好班级物质文化建设是班级文化建设的一个重要环节。

（一）班级物质文化建设的原则

1. 整体规划，富有创意

班级环境设计要整体规划，根据班级的教育理念、价值取向与审美取向，从学校历史与文化、教室布局、班级功能区划分与设施的合理配置、班级墙面的布置以及班级环境设计的风格、色彩、比例等多方面综合考虑。班级环境布置应富有创意。班级环境布置不是简单模仿，而是基于学校文化、班级精神、价值追求、审美情趣等，经过提炼、凝聚在班级物质环境设计上的创造性表达。班级环境的整体性或个别性的创新设计，可以表现班级独特的环境风格与文化境界。

2. 体现班级精神，具有教育意蕴

班级环境建设既要满足班级学生学习的实际需求，又要体现班级精神与班级的价值追求，陶冶学生性情，实现物质文化育人的功能。

如同画卷的"画意"，班级空间布局和墙面文字符号的设计，应蕴涵着独特的教育意蕴。《辞海》中"意蕴"一词的涵义是事物的内容或含义。在《美学》一书中，黑格尔认为意蕴"总是比直接显现的形象更为深远的一种东西。班级环境的教育意蕴，是蕴含在班级环境中显现出的班级精神、价值观念、教育追求、审美意识的复合，是学校历史、班级情况、时代精神的融合。班级环境意蕴的营造，应对班级价值观、班级精神加以理解、外化并进行再创造，融合学校的历史、当代的时代特征，以富有思想性、启迪性、激励性的内容和形式，以符合师生的审美情趣，并为师生能理解的、富有意蕴的物质形态或文字符号呈现。营造生动活泼、富有朝气、乐观向上的环境气氛，让学生置身其中学习与活动，其价值观念、思想和行为都会潜移默化地受到熏陶和感染，从而为善向上、勤奋好学、目标明确、富足精神。

3. 富有文化艺术性，反映师生审美情趣

一所学校在长期的发展过程中，常呈现出丰富多样的学校文化。班级环境建设要批判继承学校具有教育意义的优秀文化因子，结合班级实际情况，并在班级环境设计中找到合适的契合点，从而设计出能够体现本班优秀文化的环境设计。也就是说，基于班级的教育价值追求，植根于学校文化，根据班级师生对班级教育教学多层面需要的考虑，提炼并形成适合师生需要的班级物质文化建设特色，体现了班级师生的教育价值与追求、文化素养与品位。

班级环境设计应具有艺术性，体现班级师生的审美情趣。应注意空间布局、色彩、比例、风格等多方面的和谐，使其具有柔和而融洽的感觉，并在整体上表现出完整的美感。

首先，注意班级环境的色彩和谐。色彩是班级环境布置的重要因素，直接影响着师生的视觉感受和班级环境质量。其设计需遵循以下一些基本原则：第一，要体现色彩的和谐统一，包括色调、色相、纯度、明度等方面。第二，色彩搭配应主次分明、具有变化、协调统一，遵循对称与均衡、节奏与韵律、衬托与对比等色彩构图原理。第三，要针对不同年龄阶段的学生对色彩的不同需求进行设计，小学的班级环境色彩丰富，明亮的暖色调、对比色较合适，营造轻松自由、活泼愉悦的环境氛围。在中学的班级环境的色彩设计中，柔和的冷色调能使学生专心致志地学习，同时色彩要体现中学生积极向上、青春朝气。第四，要区分不同功能教室的空间对色彩的需求，教室内的色彩应以淡雅、光反射率高的色彩为主；

人口密度过大、空间较小的教室应选用冷色调；音乐教室宜采用暖色调以提高情绪；教室外的走廊等休息场所应以暖色调为主，以调节与放松学生的情绪。

其次，注意空间布局和谐。运用比例、对比等布局基本手法使班级的各功能区域整齐、宽敞、雅致。班级环境设施的各个部分本身和相互之间的比例要恰当，如教室门窗的大小、课桌椅的大小、走廊的宽度、班级空间布局等要比例适当。通过对比凸显班级环境各要素之间的显著差异，如班级环境设计中的外形对比、明暗对比等，使班级环境布置中的某部分或某些要素凸显出现，充分表达趣味、舒适、愉悦、优美的情感。班级环境空间布局还应虚实相间，既要充分发挥班级的空间资源优势，又要适当给学生留出一些思考和遐想的空间。

4.师生参与，以生为本

班级环境的布置应以学生为主体，注重学生主体性、创造性的发挥，促进学生发展。班级环境设计中所蕴含的丰富的潜在文化信息要被学生所理解，适合学生的年龄特征和发展需要；应让班级师生共同参与开发设计或参与设计的过程，反映师生对班级环境布置的多方面需求，这才更有助于班级群体价值观在班级物质环境上得以体现，具体可通过参加班级环境布置的前期论证、方案规划与设计、方案选择与评估等方式，发挥师生的主体性。

5.科学舒适，实用安全

（1）科学性

教育心理学研究表明，教室设施形状与排列布局以及教室空间、色彩、声音等环境因素，直接影响学生的学习兴趣、动机、情绪、态度，特别影响学生的注意力、疲劳度、学习的预备状态。教室空间的密度、领域性、个人空间、私密性、拥挤感等教室空间环境体验，直接影响学生的归属感、安全性以及行为表现。班级环境的建设理应营造一个良好的外部环境，以促进学生身心健康发展。

（2）舒适性

教室是学生日常生活学习的主要场所，班级环境建设应关注学生在班级中的体验，关注班级环境的舒适性。第一，班级各类设施应符合学生生理发展的年龄特征，关注师生使用时的方便性与舒适感，如课桌椅大小的设计、教室的空间、采光、色彩等。第二，干净整洁、美观和谐的班级环境，使学生舒畅身心、提高效率、陶冶情操。清新有序的室内布局不仅有利于学生的学习和成长，对于教师也是一种感染。教室环境布置还应考虑整洁美观性。

（3）安全性

中小学班级是学生高度密集活动的场所，学生活泼好动，自理和自控能力较弱，要求班级环境布置要特别注意安全，包括班级各类设施的建材和工程质量、用水与用电安全、安全监控等；班级使用频率高的桌椅、黑板、多媒体等设施，要坚固耐用。班级环境安全既要在环境建设时多方面考虑，也要在使用中及时检查与维护。

（4）经济实用性

班级物质文化建设的经济实用性主要体现在两个方面。第一，班级设施与环境布置经济实用，即教室空间、环境布置时间、设施与材料支出等各方面的经济性。班级环境布置应由师生共同设计，以自己动手制作为主，以达经济实用之效果，同时也锻炼学生的设计和动手能力。第二，班级设施等效用的经济性，通过减少班级设施的浪费，增加设施使用的多功能性，从而提高班级设施的效用。

（二）班级物质文化建设的问题

我国过去长期班级环境布置空泛，单一的标语一统天下，如教室都整齐划一地张贴"好好学习、天天向上""团结、紧张、严肃、活泼"。近年来，教室布置百花齐放，开始创建具有班级特色的班级物质文化，班级环境的育人作用越来越受到重视。但是班级环境布置又从"整齐划一"的极端走到了另外一个极端，教室环境布置存在诸多误区。

1. 班级精神的缺失

教室环境布置繁杂纷乱，不能凸显班级精神。一些教师认为要充分利用墙壁的空间，让每一片墙壁都能"讲话"。班级四周挂满了学习园、竞赛园、展示台、荣誉榜、班务栏、公告栏、名言警句……但缺乏主题、内容繁杂，没能体现班级理念与价值取向。一些班级照搬照抄一些格言警句或者名人名言，注重标语口号式宣传，缺乏对主题作进一步的阐释，从而使之具体化，对学生的影响不够深入与持久。

2. 教育理念的滞后

第一，基础教育改革提倡学生自主探究和合作学习，教师由传统的知识传授者、灌输者向学生学习的引导者、促进者的角色转变，形成一种全新的平等合作对话关系。然而，当前我国班级教室空间布局固定单一，如教室间的布局以普通教室和学科功能教室分设为主要形式，座位排列方式仍以固定单一的秧田式为主，教室空间布局限制、阻碍了学生之间双向交往与互动。人际交往常以教师对学生的单向交流为主导，生生互动交流受到限制，形成人际关系地位和交流的隐性不对称。师生和生生人际交往是班级人际交往的主要形式，具有重要的教育教学意义，影响着学生学习、师生的情感体验等。第二，基础教育改革中一些综合型课程，如综合实践活动课程，因现存教室空间的不足而难以得到有效地开展，制约了学生创新精神与实践能力的培养。第三，班级环境布置受传统教育思想的影响，班级环境设计同质化、单一化，环境设计内容主要关注学生的学习，忽视了不同个性学生在生活、娱乐、交流等方面的多元需求。有的教室布置在应试教育思想影响下，片面追求升学率的色彩仍较重。

3. "以生为本"的缺乏

我国班级环境设计缺乏"以生为本"。一些班级教室布置根据学校和教师的意志，根据时令节日、社会热点、教学内容，选择教室布置的主题，不是全体学生共同出谋划策，而是由少数学生干部完成，没能充分发挥班级环境创设的教育价值。一些班级环境布置内容单调且形式陈旧，有的教室标语、图片虽多，但主题单一、内容空泛，对学生缺乏吸引力。一些标语内容过于深奥玄幻，学生难以理解。例如，某班悬挂"人生到处知何似，应似飞鸿踏雪泥"的标语。学生不懂它的主旨所在，其教育作用就难以发挥。此外，班级环境布置对健康舒适性缺乏充分考虑，如室内照明不足或过强，教室过于拥挤等，这些对师生的行为与情绪都会产生消极影响。

4. 文化艺术性的缺失

由于缺乏文化自觉，一些班级并没有将班级环境布置的精神植根于特定的地域和学校的文化传统之中，没能真正体现本班文化的精神。班级环境布置千篇一律、机械模仿、单调乏味，看不到班级文化的特色，体验不到任何文化底蕴，学生难以找到文化的归属感。班级物质环境布置规划不科学，缺乏整体感，繁杂纷乱、五颜六色、花里胡哨，没有考虑对学生视觉的影响。

5. 实用性的缺失

一些班级物质文化建设还存在"华而不实"的现象。一些班级精心装裱名人名言或者格言警句，甚至是一些书法家的墨宝。其中一些卷轴或者条幅采用了行草的字体，追求艺术效果，学生根本看不懂，教育价值难以发挥。

三、班级物质文化建设的内容与策略

教室是班级学生学习活动的主要场所，教室的布置是班级物质文化建设的最重要组成部分。教室环境建设体现班级的外在形象，承载班级精神文化，体现班级成员的价值取向、审美观，体现班级的整体风貌和环境育人的宗旨。

（一）教室空间布局

教室间不同的布局方式隐含着不同的教育意蕴，主要有以下三种教室空间布局类型：

1.综合教室型

综合教室型是指班级所有的教学活动都在一个教室完成。这种布局比较适合小学低年级的教室布局，因为这种教室布局学生很少需要在教室间流动，学生比较容易熟悉教室环境。这对年幼的低年级学生而言比较有利，能增强学生对于班级环境的领域感、安全感与自信心，有利于低年级学生在不同教学活动之间实现顺利切换。另外，低年级学生对教师专业性功能要求相对较低，综合教室一般可以满足他们的需求。但是这种类型布局教学同质化程度高，可以高效、经济、大规模培养同质人才，却不利于教师进行弹性多元教学，不利于学生的交流与合作等，难以适应当代人才规格多元化的发展趋势。

2.普通教室与学科专业功能教室分设型

每个班级有一个固定的普通教室，大多数课程，尤其是学术型课程在本班普通教室上课，一些班级共用学科专业功能教室，如音乐教室、实验教室、劳动技术教室等。教室空间布局一般由走廊连接数个教室，普通教室与实验教室分设，甚至单独成楼，如教学楼（普通教室）、实验楼等。这类布局是我国学校中最为常见的班级教室空间布局方式，因为专门的学科功能教室可以满足学生在某些课程上对教学专业性的功能需求。学科功能教室归学科教师专属，也有利于学科教学的教学准备和教室布置。另外，普通教室与学科专业功能教室之间干扰小。但是学生大多数时间在本班普通教室学习，不利于学生多方面发展；学生需在课间频繁移动，从普通教室到学科专业功能教室，课间走廊上人流密度过高，容易造成拥挤现象。

3. 班群教室布局型

班群教室布局型是由几个班级教室和附属空间组成的一个开放式班级教学空间。这一类型教室布局日益受到关注。依据实际教学需要，在附属教学空间一般设置学习空间、资源中心、展示角、表演角、游戏角、教师工作室、生活角等，与几个班级教室一起共同构成了一个教学与生活功能相对完善的班级学习区域。附属空间一般位于由几个班级教室围合形成的空间的中央或一侧，常用可移动的屏风或隔墙等对空间进行分隔，可提供共享空间、多元学习和灵活教学。班群教室布局型，使空间功能可以随着不同学习任务的需求而灵活改变，极大地丰富了学生的学习方式与教师的教学方式，例如可进行自主学习、任务式教学、跨班合作学习等。

当然，其他还有诸如厅型、分散布局型、大学校园规划型等多种班级教室布局类型。总体来说，我国班级教室布局方式仍以普通教室和学科专业功能教室分设型为主，对于具体学校而言，往往会采用其中的一种或者两种教室间的布局方式。

（二）教室内布局

教室内基本设施的布局，特别是学生座位等关键设施的空间分布方式，它们隐含着不同的教育意蕴，反映了教师所持有的教育理念。教室的设施布局尤其是座位安排，会对师生的教学活动、师生和生生交往等产生潜在的影响，并最终会影响学生的学业行为和结果。总的来说，教室内的布局主要涉及各类设施的布局、教室空间的密度与拥挤感、学生座位编排、教室墙面布置等方面。

1. 教室设施及功能区域的布局

根据教室实际使用功能、班级成员的价值追求、教育理念和审美情趣以及教室场地、资金等，教室内设施布局，一般有以下主要的功能区域：

（1）图书角

班级可设置开放式图书架，放置一些图书资料，供学生阅读，营造一种求知探索、奋发向上的气氛，激励学生勤奋学习、探索知识、追求真理，养成良好的读书习惯。书籍是人类的精神食粮，对于正在长知识的中小学生来说尤为重要。

在课堂教学中，学生只能接受有限的知识，此时班级的图书角可以满足学生的阅读需求、拓展学生的视野。班主任可以通过各种行之有效的方法来收集丰富的图书、报纸、杂志等，由指定的学生进行管理和监督，学生可以自由地阅读自己感兴趣的图书资料。班级可以定期地举行各种读书心得交流活动，促进学生的知识交流，充分调动学生的积极性，使图书角充分发挥其应该有的文化资源作用。

（2）媒体设施区

一般在教室内安装有计算机、投影仪、互联网等设施，以满足教师对多媒体教学的需求。信息技术的迅速发展与教育的日益信息化，改变了班级教育对环境的要求。班级环境规划与设计要关注信息化时代学习者对空间的不同需求，营建随时随地学习的室内空间，配备电源、无线网络等。

（3）自然角

自然角是在教室里添置一些绿色植物来绿化美化教室，丰富教室的学习空间。这使教室看起来有生机，避免单调、枯燥、乏味，调节师生心情，减轻师生的疲劳感，体现了师生的生活与审美情趣。有些班级放置一些"人格化"的花草树木，如梅、兰、竹、菊、松等，激励学生提高自身修养、奋发向上。

（4）活动区

班级活动区主要包括教室内过道、半室外空间等，如游廊、露台和阳台等，这些区域除具有交通功能以外，还是师生室内休闲、交流和活动的场所，是学生之间相互沟通、学习和进行德育宣传的重要平台，学生可以在活动区调节放松情绪，营造出舒适的感觉。

2. 教室空间的密度与拥挤感

教室空间密度和拥挤感直接影响学生的行为、学习效率、身心健康发展等。比如，空间密度过高和过度拥挤，学生攻击性行为、任务错误率等会上升。教室空间布置应尽可能地尊重师生的个人需求，给予充分的活动空间以不至于拥挤，以免影响课堂教学活动的开展和限制师生、生生之间的交往。根据学生对空间的需求和班级人数的多少，通过合理规划为师生提供最佳的班级密度，避免班级的过度拥挤。目前世界主要发达国家均将班额控制在30人以内，班级人数过多往往大幅度降低教学的有效性，当然这也要根据各国各地区的经济状况和实际情况来决定。

3. 座位编排

座位编排是指学生日常座位次序的空间编排方式。课堂教学是学校教育的主要形式，座位编排方式突出地体现了班级的教育教学思想，直接影响学生的课堂学习行为与效果以及课堂交往和人际关系等。座位编排方式主要有秧田式、小组式、圆形、马蹄型（U型）等排列法。

秧田式排列法是最为常见的传统排列方式，这一编排方式体现了以教师系统传授知识为主要形式的传统教育。所有的学生面向教师排列，易于教师有效控制学生和知识的高效系统传授，不利于学生之间的交往与沟通。教师与不同位置学生之间的人际距离、互动频率与信息传递的效果有差异。亚当斯和比德尔（Adams&Bicldle）研究发现，在课堂教学中秧田式教室布局的前排和中间座位属于"活跃区"，这一区域的学生参与课堂活动以及与教师交流的时间和次数明显高于教室后面和旁边的学生。

小组式、圆形、马蹄型（U型）等排列法体现学生自主合作学习的现代教育思想，反映了基于解决问题的学习、基于案例的学习、拓展性学习和基于项目的学习等学习方法对班级座位布局的需求，关注个体与个体、个体与集体之间的相互对话与合作交往。因此，在空间需求上突破了传统课堂教学中教师一对多的模式，而是依据学生个人需求、学习内容、外部条件等确定学习空间的具体规模与样式，要求学习空间具有一定的灵活性、多组合性。小组排列法是将座位排列成若干小方阵，每个方阵有4～6张桌子，这种排列法有利于小组学生开展自由讨论、合作与交往，教师巡查指导各小组的活动。圆形排列法即把桌子排成圆形，教师讲台摆放位置由中心到角落，从而在环境上营造平等对话的教学气氛，有利于学生合作、展示学生自己的才华。

教师需要依据课堂教学与学生的实际情况灵活安排座位，以促进教育活动的开展，没有哪个特定的座位安排可以适合所有课程或所有学生。教师应依据课堂教学活动的实际需求，有针对性地调整座位布局，提高班级空间的灵活性，使其可以适合不同规模教学的需要，既可以开展大组教学，也可以进行个别化指导，活动墙应更多地运用于教室室内设计。

此外，学生座位编排要从学生身心发展的角度考虑，要兼顾学生的身高、视力等身体情况以及学生的性格、气质等心理因素。如将性格、气质不同的学生结合为同桌，遵守纪律和自我约束较弱的学生结合为同桌，学习能力强的与学习能力较弱的结合为同桌，某些内向或沉默的学生可以将其安排在教室的中心位置，从而使其更好地参与课堂交流活动等。这样编排有利于学生优势互补，互相制约，共同发展。

4. 教室墙面布置

班级环境布置应提供适宜的学习环境，可在教室四壁和主要廊道，设计立体的展示空间，形成一个"会说话的墙"，在"此处无声胜有声"中对学生起到规范性、劝导性、启发性、调适性或激励性的育人作用，激发师生的求知欲、成就欲与创造热情，促使他们积极进取、规范自我，从而促进学生良好思想道德品质的形成。

（1）体现班级理念、精神、形象的标识，如班歌、班旗、班训等。班训、班歌、班标、班旗等是班级精神文化的集中体现，应放置在班级醒目的位置。有的班级把班训写在正面黑板上方的墙上，有的制成匾额或书法作品悬挂在黑板上方的墙上。班旗一般也悬挂在黑板上方的墙上。班歌一般贴在班级旁边的墙壁上。

（2）激励陶冶学生的格言警句、图片标语等以及学生自己根据班级情况创编的班级宣言等。一般可以选择格言警句或名画，如张贴屠格涅夫的名言"生活中没有理想的人，是可怜的人"等，激励学生树立远大的理想，并为之奋斗；如悬挂《蒙娜丽莎》等世界名作，在日常班级生活中渗透审美教育；也可以是学生自创的班级宣言，激励学生积极向上。

（3）学生自己创作的墙报。墙报是学生自己创作、展现自我的平台，也是源自学生内心并给学生带来乐趣和知识的舞台。我国传统教育中，学生展示自己的时间和空间较少，而教室是学生学习的主要场所，墙报正好为学生提供了一个展示交流的平台。墙报的设计和制作应该由学生完成，教师应该以平等的同伴身份参与，以建议的方式给学生引导，不宜过多干涉。墙报的主题应该是明确的、鲜活的、具有教育意义的，形式多样，不拘一格，或者举办系列主题墙板，或学生关心的热点问题等。教师可以引导学生从日常生活发生的实例中提取，也可以从媒体反映的焦点问题里提炼，引导学生对日常生活予以认识与反思，关注日常生活中的兴趣点和成长历程，引导学生健康成长。在具体内容的选择上，教师应集思广益，充分发挥学生的主动性、积极性、创造性。在墙报创作的过程中，通过学生之间的交流与合作，提升班级凝聚力。

（4）规范学生行为习惯的学生守则和班级规章制度、班级日常事务的通知告示等，如班级的作息时间表、课程表、座次表、值日表等以及班级的活动通知等。

（5）展现师生风貌和成果的作品，如展廊、板报、学习园地以及荣誉榜等。

总的说来，近年来教室布局有向学习空间转变的趋势，以班群教室布局型的多功能开放式教学空间，取代了由走廊连接普通教室与学科功能教室的封闭型空间形式；马蹄型、圆形等灵活多样的座位编排方式，取代了单一秧田式的座位编排方式。教室不再是传统的知识授受式的教学空间，而是日益成为学生随时可以进行各类学习与活动、交流与合作的支持中心与资源中心。教室空间布局日益体现个别化教学、有效教学、反思性教学的发展趋势。适合个别化教学的教室空间布局，除主教室外，一般还设有适合个别辅导与自学的小空间，例如凹室。而教师的准备室也常常与教室毗连，方便提供个别指导。适合有效教学的教室空间布局，重视教室设施的布置，有利于"真实情景"的课程资源的呈现，便于学生接受。适合反思性教学的教室空间布局，常设有可供不同规模小组研讨的弹性空间，教室设施是方便移动的，并提供图书与网络等学习资源。教室空间环境富有生活化和人性化，教室布置空间形式、色彩、造型多样化，重视教室环境和班级气氛对学生心智与情感发展的影响。

此外，住宿制学校的学生寝室环境设计也是班级文化的重要内容，具体体现在寝室墙面文化、空间布局等。寝室环境的布置也应承载班级精神文化，遵循班级环境布置的基本原则，体现班级精神、价值取向、审美情趣等。

第四节　初中班级的制度建设

一、班级制度文化概述

（一）制度、制度文化与班级制度文化的内涵

制度是为决定人们政治、经济、社会相互关系而人为设定的一系列约束，目的在于约束、规范人们的相互行为，是一个社会的结构和游戏规则。制度文化是

一个比制度的内涵更深、外延更宽的概念。制度文化不仅包括制度本身以及制度理念和法治精神，而且还包括制度建立和实施的过程等。与制度相比，制度文化更强调制度所反映的社会精神与价值追求，更关注制度如何将文化的精神追求转化为物质的文化环境和人们的具体行动。制度与制度文化是两个不同的概念，即使两个组织制度规定完全相同，其制度文化也可能大相径庭。

根据以上分析，我们对班级制度文化作出如下定义：班级制度文化是指班级的组织架构及其运行规则以及这些架构与规则的形成过程、运行状态与实施状况。班级制度文化不仅包括班级发展过程中形成的班级规章制度、道德行为规范、班级纪律等内容，还包括这些规章制度的形成过程、班级内部组织与个人对待规章制度的态度以及遵守、执行规章制度的情况。班级制度文化作为班级文化的组成部分，既是精神文化的产物，又是物质文化的工具。

班级规章制度是班级制度文化的重要组成部分，作为一种班级文化制度应是一个集体自主内化的制度。班级制度文化建设的最终目标是使班级制度为班级成员所认可、接受、内化，从而自觉规范自己的行为。因此，在班级制度的生成层面、内容层面、实施层面应不断地重构和创新，从而使班级制度文化的建设得到丰富和发展，并最终推动班级文化管理向高度自主和自治的良性化方向发展。

（二）班级制度文化的特征

班级制度文化是班级文化的重要组成部分，是维系班级正常秩序所必不可少的保障，是班级文化建设的关键，是班级精神文化与物质文化的契合点，是人与物、人与班级运行制度的保障，具有规范性和强制性。因此，班级制度文化既有制度的性质，又具有文化的性质，其主要体现在以下几个方面：

1. 规范性

班级制度文化的规范性首先体现在通过班级的规章制度明确班级成员日常行为准则，对班级成员行为进行约束，维系班级正常的教育教学秩序，保障班级教育教学活动的顺利开展，为班级文化建设提供制度支撑。中小学生是发展中的人，学习阶段是行为习惯养成的关键期，班级制度文化建设对于规范中小学生行为和良好行为习惯的养成至关重要。其次，班级制度文化通过制度的实施，让学生接受并内化，在精神层面形成一套正确的价值标准，引导学生向符合社会和人性的方向健康发展。中小学生尚处于价值观形成时期，更需要正确的价值引领。

2. 强制性

班级制度以班级各种章程规定的形式存在，一经确立就具有权威性，强制要求班级所有成员服从与遵守。班级制度为班级各层级成员、各方面规定了一系列的行为标准，并提供了行为评价的准绳，制约着班级成员行为并要求其严格遵守。随着班级制度为班级成员所接受、认可，外在的强制性的约束行为逐渐内化成学生内在的自觉和自律行为，学生的行为从他律走向自律。

3. 独特性

班级的各种规章制度对规范班级的教学秩序、达成教育教学目标起着保障作用。就班级制度层面而言，其内容除包括国家及各级教育机构制定的各种规章制度外，还包括班级结合自身情况制定的相关规定。来自不同班级、不同家庭背景的学生，在行为和价值观念上存在不同的问题，班级制度的形成过程与实施过程也存在差异。因此，班级制度具有多样性和复杂性，由班级制度引申出的班级制度文化具有一定的独特性色彩。

4. 工具性

班级制度是衡量与评价班级成员各种行为的准绳，是协调班级内外部各种关系的有力工具。为使一定的行为准则固定下来，便采用班级制度的形式对行为和观念的某些方面进行约束，通过讲解、学习、评价等形式规范成员行为，使其内化于班级成员心中，使之成为学生在日常行为中自觉遵守的规范，从而更好地协调班级与学生、班级与教师、班级与社会的关系，促进班级的良好发展。

（三）班级制度文化的结构和功能

班级制度文化作为班级文化的组成部分，有着自身的结构。

1. 教育功能

班级制度本身就是重要的教育资源，能增强人的权利意识、自主意识和责任意识，具有教育价值。班级制度文化通过约束、导向、激励等功能的发挥，学生们树立了正确价值观念，能够明辨是非，能够独立思考。此外，班级制度的制定和实施过程同样具有教育价值，可以促使学生形成正确对待班级制度的态度，形成理解与内化班级制度的内在伦理价值取向。

2. 约束功能

班级制度文化在形成之初便以班级制度的形式约束班级成员的行动，各种规定为班级成员提供了基本的行为规范，如同一张无形的网，确定了班级成员的行为界限，维护着班级正常的秩序。在班级制度的权威性得到尊重的前提下，班级成员自觉遵守各项规定，以班级制度约束自身行为，使制度要求真正成为自身的行为规范。

3. 激励功能

班级制度文化在约束人的同时也发挥着激励作用，其通过各种制度的规定，鼓励班级成员积极主动去实现班级的教育目标。制度本身是一种评价学生行为的工具，通过明确的奖惩标准与手段，鞭策着班级成员努力奋斗，使自己的奋斗目标与班级的发展目标相一致，激励班级成员不断进步。

4. 导向功能

班级制度文化的导向功能主要体现为促使班级各群体成员认同班级的教育目标。一系列班级规章制度，将班级成员的行为纳入一定的轨道中，达到规范班级成员行为的目的，以维持良好的班级秩序，保证班级各项工作的有序开展。在保证学校的制度得到实施的情况下，班级能够根据自己的具体情况制定相关的班级制度规定，使班级的制度文化独具特色，并通过制度文化的导向功能的发挥，促进班级的不断发展。

二、班级制度文化建设

（一）班级制度文化建设的原则

1. 体现班级精神

班级制度是体现班级核心价值观、实现班级目标和愿景的保障系统。在制定班级制度时，班主任应组织班级成员结合班级实际情况一起讨论、研究、制定有班级特色、符合学生发展实际情况的制度，并赋予其班级个性，体现班级精神。

班级制度蕴涵、体现的班级教育理念、班级精神，能够让班级成员理解各项规章制度的内容，进而切实遵守规章制度。教师要加强对制度的宣传，引导学生对这些"共性"制度形成心理认同，只有将"你的要求"变成"我的自觉"，才能让班级成员自觉遵守，才能将强制性的制度要求转化为成员的自觉行动。这就是班级成员认同班级制度的过程，它也是班级个性化制度形成的必然路径。在学生接受、认可、遵守班级制度的过程中，制度的文化价值及其文化影响力也得以传递和输送，进而影响学生，使他们朝着既定的目标发展，实现班级教育理念。所以我们还要通过多种渠道，如班级橱窗、墙报、板报、班报等，来宣传制度内容，通过多种活动，如学校组织开展的各项集体活动、班内各项常规工作、班（团、队）会等，以此增强成员的制度意识，渗透、强化制度观念，发挥制度文化的导向、激励、规范功能。

2. 坚持以生为本

坚持以生为本，加强制度文化建设，就是强调班级一切制度都必须以学生为出发点和中心，围绕着激发和调动学生的主动性、积极性、创造性展开，体现学生的意志和需求，以班集体与学生共同发展为宗旨。班级加强制度文化建设，应确立以生为本的发展理念，充分尊重学生在班级建设发展进程中的主体作用与地位，将师生的发展和需求作为价值取向和价值追求，始终强调尊重、发展和维护师生的利益。加强班级制度文化建设，要重视学生的主体性地位，将他们的利益诉求作为规章制度制定的出发点和立足点。

3. 充分发扬民主

充分发扬民主，使建章立制的过程成为师生共同意志形成的过程。"人人为自己立法"，这是人本立法观的深入体现。扩大班级规章制度制定过程的民主性与参与度，意味着通过看得见的规章制度制定程序使班级成员的诉求得到充分表达。加强班级制度文化建设，必须在遵守党和国家的法律法规、政策以及班级教育教学活动的客观规律的基础上，坚持民主、公开、平等、协商的原则，让更多的师生参与班级制度的制定、修改和完善中来，让师生进行充分酝酿和讨论。

4. 坚持制度"刚性"

坚持制度"刚性"，切实加大班级制度的执行力度。班级制度文化最终体现为师生自觉执行制度。加强制度文化建设，需要严格执行规章制度，严格按制度规范约束师生的行为，严格检查、监督、考核制度的落实。班级制度执行需要注重普遍性、刚性和示范性。

第一，普遍性。班级制度的公正性不仅体现在内容上，更体现在制度实施的过程之中，班级制度一经公布、生效，对全体师生就产生普遍的约束力。制度对事不对人，触犯制度就必须受到追究。第二，刚性。班级制度的有效性取决于制度是否得到有效、严格地执行和落实，加强班级制度文化建设，就是要树立制度的威信，加大对班级制度执行情况监察与管理力度，及时发现并惩戒违反班级制度的行为。第三，示范性。班主任、班干部必须身体力行，率先垂范，带头尊重制度，带头严格执行制度。班主任、班干部的制度理念和制度执行情况，在很大程度上代表了一个班级的制度化。

（二）班级制度文化建设的实施

1. 班级制度的制定

"没有规矩，不成方圆。"因此，班级文化建设应该根据校纪校规，根据本班的实际情况制定一系列有利于班级健康发展的制度。如上所述，从班级制度的制定来看，应该是教师和学生全员参与制定班级制度。班级制度的存在是为了更好地服务于学生的发展，而不是一味地约束和限制学生的行动。学生是最具发言权的制度制定者和修订者。学生集体商议，确定最适合班级发展的各项规章制度，教师予以指正，充分展现学生的主人翁身份，这样有利于加强学生对班级及班级制度的认同感，在制度实施过程中学生会更积极地遵守规则，班级管理的顺利进行便有了有力的保障。

2. 班级制度的执行

必须落实好班级规章制度的执行情况。有很多班级"只打雷不下雨"，班级管理往往无法顺利进行下去，究其根本原因则是没有认真执行班级制度。一个制度制定出来之后，其正确性还要经过时间的检验，规章制度在执行过程当中被认同后就要强化落实情况。营造鼓励学生自觉执行规章制度的氛围，可以通过定期检查与评比，在强化制度的落实过程中帮助学生养成学生良好的行为习惯。

3. 班级制度的管理

加强管理程序的制度建设，强化对班级管理行为的约束，加强管理程序的规范化、制度化建设。建立起一套行之有效的"程序性规章"，从班级制度的草案、讨论、出台、试运行、回馈、修改直至最后的长期执行等各个阶段，都有明确的"程序性规章"加以规范。程序性规章制度的完善，能够最大限度排除恣意、任性和偏执，使班级制度的立、改、废"有法可依"，避免出现"言出法随""以言代法""以言废法"的现象。从整个班级管理过程来看，公正的程序能够极大地提升班级成员对班主任和班干部的信任，维系师生之间的良好关系，减少双方的摩擦。因此，公正的程序是班级管理效率提升的助推器。

4. 班级制度的修订

班级制度文化必须不断创新、与时俱进，但同时又必须保持班级制度的严肃性和延续性，避免朝令夕改。因此，我们在创新和建设班级制度文化的过程中，必须始终考虑如何才能让班级制度延续下去的问题。当前，加强班级制度文化建设，最重要的是要具备尊重制度、维护制度和严格执行制度的理念，使之成为班级传统、特色和文化的重要组成部分。另外，坚持公开公正的原则，及时调整、修正那些不合时宜的规章制度，以便更好地适应和促进班级各项活动的开展。一个班级如果没有一些合理的制度，那么这个班级的工作将无法顺利展开。但制度的确立与修订，应尊重学生的参与权和选择权，体现制度生成的民主性。

第五章　家校合作的建设

"父母是孩子的第一任教师"，家庭教育与学校教育、社会教育都是教育体系的重要组成部分，在帮助孩子健康成长、促进社会发展方面具有十分重要的地位与作用。本章主要介绍了家校合作的建设，分别从家庭教育概述、班主任与家长会和家长委员会以及班主任在家校合作中的工作内容三个方面进行分析。

第一节　家庭教育概述

一、家庭教育的地位与作用

（一）家庭教育的地位

中国的家庭教育源远流长、历史悠久，家庭教育在我们国家历来得到高度的重视，具有较高的地位。在中国古代，由于生产力水平低下，学校的范围及规模都比较小，家庭教育的地位尤为突出；家庭教育受到古人的特别关注与重视，成为人们道德生活及社会精神文化教育的重要基地。[①] 对此，我们可以从那些流传至今、为人称道的家庭教育故事、脍炙人口的家庭教育名言以及妇孺皆知的家训中看出端倪。如"孟母三迁""曾子杀猪""欧阳修教子"等故事能够流传千古，从某种程度上反映了历代都十分重视家庭教育。又如"育善在家，发智在师"就清晰地告诉我们，家庭教育（家）和学校教育（师）各有分工，分别是"育善"与"发智"，两者不能偏颇，足见家庭教育地位之重要。

古代历来重视家庭教育，现代继续重视家庭教育，并有很大的发展。古代重视家庭教育是从那些经久不衰、街知巷闻的家庭教育故事、家庭教育名言以及众多不同朝代的家训体现出来的，而现代重视家庭教育则更多的是从法律法规的陆

---

① 刘立红．中国古代家庭教育评析 [J]．科技创新导报，2009（26）：192.

续出台、不断完善体现出来的。"家庭教育"出现在法律法规中，足见家庭教育在社会中的地位——不是像古代社会那样各个家庭根据自身需要而决定是否开展家庭教育，而是具有强制性——法律规定要求有家庭教育，并且能从不同的地方获得相应的指导。

家庭教育在现代社会中获得高度重视，具有较高的地位，不仅体现在国家的法律法规中，也体现在国家各个层面的政府文件中。

将家庭教育、学校教育、社会教育三者紧密结合起来，可以说在某种程度上已经将家庭教育提高至与学校教育、社会教育同等重要的地位。

（二）家庭教育的目的

教育是有目的的，家庭教育作为教育的一种，也是有目的的。"家庭教育的目的就是通过家庭教育活动和家庭教育的全过程要把受教育者培养成什么样的人。"① 家庭教育的实施者不同。结果就会有所不同；"要把受教育者培养成什么样的人"，影响的因素很多，有家长（家庭）的因素，有学校的因素，还有社会的因素。

就家长而言，相信每个家长都希望受教育者，即自己的孩子出类拔萃，成为受人尊重、得到重用的人才。就家庭所处的时代、所在的社会而言，相信学校、社会都希望家庭教育能够与学校教育、社会教育方向一致，齐心协力使受教育者成为符合社会发展需要、满足国家建设需求，能够予以重用的优秀人才。家庭是构成社会的最小单位，与社会有着紧密的联系，深受社会的影响。家庭教育是教育的重要组成部分，也与社会有着深厚的联系，所以家庭教育的目的也自然深受社会的影响。家长和学校、政府对于家庭教育的目的有相同的地方：把受教育者培养成身心健康、思想积极、道德高尚、习惯优秀、才艺出众的符合社会需要的人才，简单地说就是成龙与成凤，后辈胜前辈。这些相同的目的，我们可以在现实生活中很容易找到有力的证据。

二、家庭教育的主要内容

家庭教育虽然作为教育的组成部分，与学校教育、社会教育共同构成一个体

---

① 张丽娟. 家庭教育学 [M]. 北京：中国海关出版社，2008：146.

系，但不像学校一样对教育的内容有着清晰明确的规定。如幼儿园阶段有它规定的教育内容，小学阶段有其明确的教育内容，中学阶段则分初中与高中阶段，也有与之相对应的教育内容。学校教育内容的明确通常是通过对应的课程标准以及《中小学德育工作指南》等呈现，如教育部印发的《中小学德育工作指南》明确将"理想信念、社会主义核心价值观、中华优秀传统文化、生态文明、心理健康"作为中小学学校教育（德育）的内容。而家庭教育相对学校教育而言有着自己的特殊性，每个家庭的家长情况不同、家庭条件不同、接受教育的对象不同等，很难像学校教育，甚至社会教育那样，对教育内容有统一的规定。按照这个说法，家庭教育是不是可以随意地安排其教育内容，或者说根本没有教育内容？当然不是。家庭教育有着自身的特殊性，对它教育内容的明确性没有丝毫影响。因为虽然各个家庭情况（家长素质、家庭环境、家庭传统等）不相同，但家庭的愿望（望子成龙、望女成凤）是比较接近甚至相同的；家庭是深受社会影响的，家庭教育的主要内容不可能远离其所在的社会，不可能与所处的时代丝毫不沾边。

家庭教育"异中求同""求同存异"，"在传承中发展，在发展中传承"是家庭教育的主要内容。我们一方面可以从历代家庭教育史料中去挖掘，家训作为家庭教育所特有的一种文献形式就是很好的参考，如魏晋时期颜之推的《颜氏家训》、宋代袁采的《袁氏世范》、陆游的《放翁家训》、明清之际朱用纯的《朱子治家格言》等；那些世代相传、家喻户晓的家教掌故则是有益的补充，如"孟母三迁""岳母刺字""燕山教子""孔母教子""画荻教子"等。另一方面，我们可以从国家已经陆续出台的与家庭教育密切相关的各种通知、规定、指南、纲要中整理，如《全国家庭教育指导大纲》《上海市 0～18 岁家庭教育指导内容大纲（试行）》等；从大家颇为关注、耳熟能详的名人家教逸事或关于家教的言论中收集，如梁启超教子、李嘉诚教子、马云说家庭教育等。我们发现，家庭教育的主要内容体现在以下几个方面：

（一）思想道德

我国古代社会是十分注重伦理的社会，伦理的教化、道德的提升主要在家庭中完成。帝王家庭以及整个统治阶级都把道德教育作为家庭教育的重点。据历史记载，周朝初期就有"敬德保民"的家庭教育思想，春秋战国时期则把德教作为治国的首要任务，"亚圣"孟子推崇家庭教育要注重人格教育，妇孺皆知的《三字经》《增广贤文》中，就有大量关于思想道德方面的要求。这些思想道德要求中的绝大多数都跟《中华人民共和国教育法》《中华人民共和国义务教育法》《国家中长期教育改革和发展规划纲要（2010—2020年）》《全国家庭教育指导大纲》《上海市0～18岁家庭教育指导内容大纲（试行）》中提到的"德""社会主义核心价值观"的精神相吻合。归纳起来，思想道德要求主要体现在爱国、诚信、感恩、仁义、友善（和谐、睦邻）、关爱（尊老爱幼、扶贫救弱）、谦逊（温良恭让）、理想（齐家、治国、平天下）等方面。

（二）行为习惯

我国是礼仪之邦，历来崇尚礼仪，素来强调规矩、注重礼节。"无规矩不成方圆""国有国法，家有家规"和"道之以德，齐之以礼"（《论语·为政》）"不知礼，无以立"（《论语·尧曰》）"凡人之所以为人者，礼义也"（《礼记·冠义》）等与"规矩""礼"有关的名言就是很好的例证。而"规矩""礼"说到底还是一种习惯，"规矩""礼"定出来后，大家每天都遵守，久而久之就成为习惯了。

而在今天，我们无时无刻不在强调要守"规矩"，要养成守规矩、讲礼仪、有礼貌等良好习惯。如《中学生日常行为规范》《中学生守则》都要求习惯养成以及强调礼仪、礼貌，包括卫生习惯、生活习惯等。《全国家庭教育指导大纲》对不同阶段的家庭教育都提出了行为习惯养成的要求，如4～6岁阶段要培养儿童良好的生活与卫生习惯；7～12岁养成生活自理的习惯、适度花费的习惯、良好的学习习惯；13～15岁重视学习习惯养成。对照古代家庭教育的有关文献与今天家庭教育的有关守则、规范、纲要，我们发现培养卫生、学习、交往、健康生活、运动等方面的良好习惯是家庭教育的一项主要内容。

（三）安全防护

"安全重于泰山""没有安全就没有一切"。社会不断发展，生活不断改善，但各种安全隐患也越来越多，各种安全事故频繁发生，给家庭带来很多伤痛、给社会带来很多负担。安全问题已经成为影响家庭幸福，社会稳定的重要问题。

随着人们对安全重视程度的增加，安全问题比以往任何时候都更加让人关注，已经成为各项工作之首，"安全第一"成为一种共识。各种有关安全的法律法规也不断制定与完善，为人们的安全生活、工作、学习带来更多的保障。同时"安全教育"作为一项重要课题也随之出现，各行各业都有与之对应的安全教育和安全专项检查。对孩子的安全教育，学校是主要的承担者，因为这是学校的职责。《中小学幼儿园安全管理办法》《中小学公共安全教育指导纲要》明确指出学校应当对学生进行安全教育。家庭作为孩子的主要生活场所，父母作为孩子的法定监护人，承担安全教育也是家庭的应尽职责。《中小学幼儿园安全管理办法》第46条指出："学生监护人应当与学校互相配合，在日常生活中加强对被监护人的各项安全教育。"家庭安全教育的内容主要包括用电、用水、防火、防盗、防骗、人身、卫生、运动等方面。

（四）人际交往

人是群居生活的，任何一个人都不是孤立的，没有一个人能脱离社会、断绝与他人的联系而独立存在。人与人之间应该有联系，应该有交往，但不是每个人与生俱来就善于与人联系、与人交往，否则就不会出现人际交往障碍、人际关系处理困难等问题，《全国家庭教育指导大纲》就不会在"家庭教育指导内容要点"里明确指出"培养儿童良好的人际交往能力"（4～6岁阶段）"引导儿童与异性正确交往""引导儿童积极开展社交活动和正常的异性交往"（16～18岁阶段）。家庭教育中的人际交往教育通常包括人际交往的重要性与必要性、基本原则、基本礼仪、常用技巧、注意事项等。

（五）心理健康

联合国世界卫生组织在20世纪70年代指出，健康不仅仅是没有身体上的缺陷和疾病，还包括健全的生理、心理状态与社会适应能力。它由身体健康与心理健康两部分组成，即健康代表身心健康。

社会在发展，经济在增长，生活在改善，健康水平也在提升。《广州日报》2018年4月刊发的《广东省社会科学院发布"2017年广东现代化进程报告"》指出：广东人均预期寿命达标率较高，珠海人最为长寿，达82.5岁；其次是广州，为81.34岁。但是生活水平的提升，寿命延长的同时，心理健康问题也在增加。中国科学院心理研究所在2008年4月公布了"2007我国国民心理健康状况研究报告"，指出12～18岁青少年健康指数随年龄增长呈下降趋势，青少年心理健康不容忽视。"腾讯健康" 2017 年 5 月发布的"中国儿童青少年健康状况社会深度调查报告"指出，青少年心理行为发育异常占比为 22.65%～45.58%。上海市精神卫生中心的调查发现，27% 的中学生存在心理障碍或患有心理疾病。

有关家庭教育的心理健康教育，教育部《关于加强中小学心理健康教育的若干意见》是这样要求的："建立学校和家庭心理健康教育沟通的渠道，优化家庭教育环境。引导和帮助学生家长树立正确的教育观，以良好的行为、正确的方式去影响和教育子女。"家庭教育更多的是用家长或家庭的行为以及家庭氛围去帮助学生培养良好的健康心理。

第二节　班主任与家长会、家长委员会

一、家长会

家长会议简称家长会，是由学校或班级召开的向家长汇报学生思想、学习、生活等情况，并听取家长对学校或班级教育工作的意见和建议的会议，也是班主任同学生家长集体联系的基本形式。它对学校保持同家庭的密切联系，促进家庭教育与学校教育同步进行，形成集体教育合力，具有重要作用。

（一）家长会的主要内容

不同形式和规模的家长会具体内容可以有所侧重，但从总体上来说涉及以下几方面的内容：了解在培养学生的过程中，学校与家庭各应承担的责任和义务，学生受教育的权利与义务等，以及家长配合学校的教育工作；向家长宣传学校教育计划和班级集体教育安排，以便家庭教育紧密配合、协调步调、尽快达标，争取家长对学校和班级教育改革的支持和指导；听取家长的意见和建议，共同研究改进工作，制订科学的教育方案和计划；举办教育讲座，促进学生家长对学生的了解，交流家庭教育经验，使家长掌握科学的家庭教育理论与教育方法。

（二）家长会的规模

家长会既可以由学校负责召开，也可以班级为单位由班主任负责召集召开。家长会是全校范围的，可以是全体班主任、学校各级领导、各科任教师以及全体学生家长参加的。除统一报告、表彰先进可采取集中的办法外，一般都是学校领导把要求通知班主任，由班主任分班座谈。所涉及的内容往往是全校性的总的教育教学工作，为了取得全体学生家长的支持而召开。部分家长会也可以就某些专门性、特殊性的问题，有代表性地选择部分学生家长、班主任和科任教师等参加。例如邀请家长参观作业展览、文艺演出、科技汇报展览、运动会、重大节日联欢会等；为了解决某个共同性的问题，如青春期的家庭教育，可以邀请部分学生家长、班主任和有关人员参加，共同讨论，寻求解决问题的策略。

班级家长会的规模可大可小，可以召开全班家长会，也可以开部分家长座谈会。班级家长会内容灵活，操作方便。全班家长会是为全班学生统一要求召开的，其内容主要有：传达学校和班级的工作计划；对家长们提出一起做好班级管理工作的意见与要求；说明班级管理工作情况，就学校、班级工作采纳家长意见；针对当前班级教育与家庭教育中存在的一些思想倾向与通病，一起探讨学生的教育管理问题；组织家长交流经验，沟通家庭教育；向父母说明学习成绩等。

（三）家长会的形式

家长会如果按开会的形式来分，常见的有座谈会和汇报会。

1. 座谈会

座谈会是指学校有关人员或班主任同家长共同讨论，相互交流教育教学工作问题而召开的会议。由于它要求就某一方面或某几个方面的问题，学校一方和家长一方共同探讨，每个参加者须充分发表各自的意见，因此参加人数不宜多。例如有关后进生的教育问题，可由学校出面组织，也可由班主任从解决本班后进生教育问题出发组织本班部分学生家长参加。

2. 汇报会

汇报会是指由学校或班主任向学生家长汇报学校教育工作或班级教育工作所取得的各方面成绩而举行的全校性或全班性的家长会议，例如举办学生学习成绩展览，文艺或体育表演，学生科技成果展，学校教改成果展，或班主任向全体学生家长汇报一段时期班级教育工作成绩等。

3. 交流式家长会

交流式家长会组织父母交流家庭教育经验，促进父母之间互相理解，互相借鉴，摆正教育思想，完善教育方法，提升家庭教育质量。这类家长会，班主任要提前制定目标，选择好会上讲话发言的家长，并于会议之前共同议定发言提纲，切忌泛泛其词。

4. 展览式家长会

学校把学生的习题簿、优秀作文、竞赛答卷和集体小报、奖状、荣誉证书之类，精心安排成小展览会，让家长们自由欣赏、参观。

如果涉及班级学生学习成绩，这类家长会班主任需在家长观看时加以说明，家长会结束后再听取家长的意见。

5. 表演式家长会

表演式家长会邀请家长到校观看学生安排的文艺节目，或者课外活动，主题团队活动等。这样的家长会氛围热烈，现场热闹，班主任要提前安排好，使家长在倾听的过程中接受教育，在观看中有所收获，促使家长开阔视野、拓展思维。

6. 会诊式家长会

班主任视具体情况而定，把各种教育理念的家长聚集起来，对学生存在的问题及其形成原因进行研究，探讨教育失误和改进措施等。这类家长会需要班主任找准"病例"，供父母分析和思考，寻求最佳教育方案。

7. 恳谈式家长会

班主任邀请家长，向家长充分征求教师和学生的建议和要求，并且耐心诚恳地对家长说明家庭教育目标和措施，加强家长和教师在教育学生方面的统一性。在此基础上再由教师进行针对性指导和帮助，使家长能更好地理解、支持孩子的成长。这类家长会要重视教师和家长的想法、感情上的沟通，促进家校双方和谐发展，增强教育合力。

8. 辅导式家长会

辅导式家长会对学生的心理、生理发展规律和科学的教育方法，有计划地对父母进行基础理论与实践方法的指导，改善父母的家庭教育。这类家长会需要深入浅出、通俗易懂的辅导报告。

9. 咨询式家长会

学校或者班主任会提前告知家长，备好需要提问的问题，在学校家长会上以问答方式了解学生发展水平，行为特点等。这类家长会需要班主任知识渊博、头脑灵活、反应快速，做到有问必答。

（四）家长会的准备工作

要确保每一次家长会都要开得顺利、成功，收到实效，班主任在会前的充分准备是非常重要和必要的。

1.明确家长会的目的和任务

每一次家长会的主题要鲜明，中心要突出，且有实实在在的意义，切忌泛谈、空洞，搞形式主义，这样学生家长才能感到有必要，愿意花时间、费精力，为此做准备。否则，学生家长就无法参与讨论、形成共识，这不仅达不到预期的效果，还会给学生家长造成不良影响，久而久之会对学校或班级召开的会议失去信心。

2.议定好会议议程

家长会的目的和任务确定之后，应与有关领导和教师一道讨论好会议的议程，确定好会议的日期、地点、时间以及哪些家长代表和学生代表发言等。如有可能，则对部分家长，特别是那些工作十分繁忙的家长提前进行邀请，看他们在时间方面是否冲突，如果有应另定时间。此外，还要确定好家长代表发言，提前与他们讲好，让他们做充分的准备。

3.构思提纲

会议的时间、地点等确定好后，学校领导或班主任就要组织教师共同讨论，构思发言提纲，并指定专人写好讲演稿。初稿完成后要交有关领导审阅或同其他教师交流，待提出修改意见后再最后整理定稿。这样做的目的在于保证发言的准确性、全面性，防止会议上随意谈话或说错话。

4.收集有关资料并整理成册

收集资料一方面是为确定主题、构思发言提纲、撰写发言稿作准备；另一方面也是为家长做准备，使学生家长了解有关情况。资料的内容应根据会议的主题确定，如果是汇报学生的学习成绩，就要把学生各科成绩汇编成册，以便开会时发到每一位家长手中；若会议是探讨青春期学习心理与教育问题，则应收集典型材料，整理成册。总之，班主任必须根据具体的家长会议的内容收集整理资料，并整理成册。如果是座谈会、讨论会，那么材料应该在发放会议通知时，一同发给学生家长，以便学生家长有所准备。

5.印发会议邀请书，布置好会场

召开学生家长会应该印发会议邀请书，而不是口头通知或由学生通知家长。

因为学生家长收到正式的会议邀请书，会感到会议严肃、庄重，也会认真对待，同时也体现了学校或班主任对学生家长的尊重。"邀请书"的内容应简单明确，使学生家长能一目了然，并要在会议前三天送到学生家长手中。太早家长可能会遗忘，太迟学生家长会感到匆忙，无法认真准备。

会场布置要清新、整洁、亲切、热烈，使家长感到心情舒畅。会议的物质准备还包括写好标语、安排好学生家长的座位，有条件的还可以给家长准备些茶水。如果有展品，就要做好展品的选择、整理、布置、摆放。

（五）家长会后要注意总结

开完家长会后，班主任除了要收集整理诸如"家长意见单"之类的资料，对因故未到的家长要及时取得联系，探明原因外。班主任还要注意会议后学生家长的反应。成功的家长会必然会给学生家长留下深刻印象，而失败的家长会也会引起学生家长的议论。作为会议的组织者，班主任对这些情况都必须有所了解。召集人往往注意家长会前的准备和过程，而忽视了会议后学生家长的影响以及家长的感触，但这些却是促使家长会议升华，产生深远影响的重要方面。所以每一次家长会之后，班主任都要再深入了解是否存在家长会上言而未尽的观点，让家长真正感觉到学校或班主任对家长会议和家长意见的高度重视。对那些在家长会议上向家长提出要求，但家长并没有去做的现象要分析原因，并采取适宜的措施。

二、家长委员会

（一）家长委员会的概念

家长委员会是家长参与学校的组织形态，其属性问题是研究家长委员会的起点，关系到家长与学校的权利关系，关系到其应该履行怎样的职责、如何履行职责等问题，但目前研究人员关于家长委员会的界定有较大的分歧。

2009年出台的《山东省普通中小学家长委员会设置与管理办法（试行）》规定："中小学家长委员会是由本校学生家长代表组成，代表全体家长参与学校民主管理，支持和监督学校做好教育工作的群众性自治组织，是学校联系广大学生家长的桥梁和纽带。"2012年出台的《江西省中小学幼儿园家长委员会设置与管理办法（试行）》的第二条规定："学校家长委员会是由本校学生家长代表组成，代表全体家长参与学校民主管理，支持和监督学校做好教育工作的群众性自治组织，是学校联系广大学生家长的桥梁和纽带。"这两项地方性制度对家长委员会性质的表述基本相同，均界定家长委员会是"群众性的自治组织"。所谓"群众性"是指组成人员是家长代表，"自治组织"是指不受外部影响。

但上述对家长委员会属性的界定与2012年教育部颁布的《关于建立中小学幼儿园家长委员会的指导意见》相矛盾。《关于建立中小学幼儿园家长委员会的指导意见》对家长委员会的职责、组建、活动、保障等做了较为详细的规定，虽然没有明确家长委员会的基本属性，但在"基本职责"方面明确指出，家长委员会在学校指导下行使职能，比如参与学校管理、参与教育工作，并在学校和家庭之间进行交流；就"家长委员会组建"指出，必须充分发挥学校的主导作用，承担学校的组织责任，列入学校日常管理；针对当前学校与家庭教育存在的主要问题，家长委员会应以德育为主，确保学生的安全健康、减轻中小学生课业负担、解决家校矛盾的任务等。很显然，家长委员会要在学校领导下组建，在学校指导下开展工作，要纳入学校的工作范畴，不是一个纯粹意义上的"群众性自治组织"，只能算作学校领导下的一个"群众组织"。

（二）家长委员会的基本属性

为什么家长委员会不能是纯粹意义上的"群众性自治组织"？为什么家长委员会必须是学校领导下的"群众组织"？可以从以下三方面加以解释：

首先，从实践层面看，中小学的普遍做法是将家长委员会纳入学校管理之中。上海市调查显示，家长介入学校管理，并不是想增加学校的负担，其目标是为了推动学校更好地发展。所以，家长委员会应在学校的领导下开展工作，是为了完善学校办学、适合父母参与的群众组织，需要做到以下几点：家校合作方面，学校要有绝对领导权，家长委员会是为了让家长参与学校而成立的组织，和学校保持合作关系。从班级家长委员会的维度来看，班主任在班级家长委员会中处于主导地位。家长委员会没有学校领导权。学校有权了解家长委员会的所有行为。家长委员会并非一个与工会性质相似的协助家长保护权利的机构。家长委员会的责任和作用是协助学校成长，旨在更好地发展学校，并不是要找学校的麻烦。上海市的情况具有普遍性，将家长委员会置于学校领导之下，将家长委员会的相关事务纳入学校日常工作之中，可以避免不必要的矛盾，提高家长委员会的工作效率，更好地服务于学校。实践中有的地方为了避免家长委员会与学校产生矛盾，直接将家长委员会改为家长教师协会或家校合作委员会等。

其次，将家长委员会定义为群众性自治组织存在前提性错误。有人认为，我国目前存在九类民间组织：行业组织；慈善性机构；学术团体；政治团体；社区组织；社会服务组织，即旨在提供社会福利服务和公益服务的民间组织，如环境保护、文教体卫等领域的公益性组织；公民互助组织；同人组织；非营利性咨询服务组织。家长委员会显然属于第六类，即家长委员会是为学校提供教育服务的民间组织。因此，家长委员会的本质是提供教育服务的群众自治组织。作者认为这种推论的前提存在一定问题。因为家长委员会不属于上述意义上的民间组织，因为它不需要到民政部门登记，其合法性是由学校确定的。当然，家长委员会与上述民间组织存在共性。因为家长委员会也要"提供教育服务"，不能提供服务就没有存在的价值；同时，要想让家长委员会有活力，需要在"准自治"上多下功夫，提高家长委员会的自主权和独立运行的空间。

最后，将家长委员会定性为学校领导下的群众组织与学校"元治理"观点是一致的。褚宏启教授认为："尽管多方主体都参与到学校治理中来，但其地位和作用是不同的，学校需要在其中发挥主导作用，承担'元治理'的角色。这种'元治理'角色，与政府在区域性教育治理之共治中所发挥的'元治理'作用类似。""在学校内部的多元治理中，'元治理'不否定多元参与中各主体对于治理的贡献，但特别强调学校的'领头羊'作用。"

如何理解学校的"元治理"？到底有哪些具体表现？大致体现在三方面："协调和整合多元主体的利益分歧，维护公共利益，保证教育领域公共利益的最大化；确定学校发展的方向、目标，解决多元主体的目标分化问题，依法制定规章制度，为多方主体参与管理提供共同的行动目标和行为准则；进行统筹和调控，解决治理活动的分散化、碎片化和不可持续等问题。"[①] 可见，"元治理"就是统筹性、方向性、整合性、主导性治理角色，多元治理应该纳入"元治理"之中。尽管家长委员会是家长参与学校治理、提高决策科学性的重要形式和途径，但这种治理手段应该纳入学校的"元治理"之中，为其服务，接受其领导。

---

① 褚宏启.自治与共治：教育治理背景下的中小学管理改革 [J].中小学管理，2014（11）：16-18.

基于此，有人给家长委员会下了这样的定义："家长委员会是由家长代表组成的代表全体家长和学生参与学校教育和管理、行使教育监督权和评议权的一种群众性组织，是密切家校关系的桥梁和纽带，是实现家校共育的重要组织形式。"①由此可见，家长委员会是群众性组织，是家长自己的组织，学校领导和教师不应该直接参与其中；是自主组建的，是通过家长内部选举、推荐的民主方式产生的；是以服务于学校民主管理和学生发展为宗旨的，在这个功能下开展工作，违背这一宗旨就将失去合法性基础。

（三）家长委员会建设状况及问题

1. 家长委员会得到长足发展

2010 年颁布的《国家中长期教育改革和发展规划纲要（2010—2020 年）》明确了"建立中小学家长委员会"的要求，并把这一举措列入现代学校制度建议的重要措施之中。2012 年，教育部下发的《关于建立中小学幼儿园家长委员会的指导意见》，成了国内各类学校设立家长委员会的纲领性文件。

在该文件出台前后，山东省和江西省等也出台了相应的区域性文件。在上下一致的努力下，近年来我国家长委员会建设掀起了一股浪潮。山东省从 2009 年底就开始了家长委员会建设，截至 2011 年 7 月，山东省小学、初中和普通高中已建立家长委员会的学校比例分别为 86.6%、95.4% 和 94%。从全国来看，截至 2016 年，八成以上的学校建立了各级家长委员会。调查还发现，家长委员会在建立中体现了一定的民主原则，家长委员会在参与学校管理活动、为学校提供各类服务、为各位家长代言等方面发挥着重要功能和作用。尽管家长委员会还有许多不如人意的地方，但家长们对家长委员会的评价是积极的。

2. 家长委员会建设中存在的问题

一方面我们要对我国家长委员会建设成效进行肯定；另一方面，我们也要正视其存在的问题。从目前来看，部分地区与学校，可能尚未设立家长委员会，或者家长委员会名存实亡、形同虚设，也有相当一部分已丧失设立家长委员会的初衷。

这些问题主要表现在以下几个方面：以经济和教育十分发达的上海市为例，

---

① 陈立永 . 学校家长委员会建设范式的转型 [J]. 教育科学研究，2011（07）：46-48.

类似于国内其他地区，虽然家长委员会已大量成立，但大多只是流于形式。一项调查结果显示：关于"学校有没有设立家长委员会"，家长中有 31.6% 说有，不清楚者为 59.7%，表示不存在的有 8.7%。由此可见，不管学校成立家长委员会与否，这个机构并未得到家长群体的广泛了解。这一推测在关于"学校有无关于家长委员会的文件""家长委员会的活动频率""家长委员会运行和发挥作用的情况"等问题的调查上也获得证实：多达 67.3% 的学生家长不知道学校是否有家长委员会相关文件，16.5% 的学生家长清楚地表明学校有此方面的文件；16.3% 的学生家长说学校没有此方面的文件。79.1% 的家长不了解家长委员会的活动频率；71.5% 的家长不了解家长委员会运行和发挥作用的情况。家长委员会形同虚设，建立后一直未开展任何活动，几乎没有发挥联系家长、学校沟通的作用，也没有对学校发展进行监督。

有人认为我国目前家长委员会建设存在以下问题：一是"学生的空场"，不是以学生的发展为本，不注重学生的利益；二是"内容的空疏"，即没有教育意义的形式主义活动大行其道。作者认为，总体上家长委员会的作用还没有得到全面的关注，相当多的学校仍然未设立家长委员会，有的学校在上级的压力下成立组织，而非因现代学校制度、确保父母参与权得到关注。

学校尽管设立了家长委员会，但有各种问题需要去面对。

（1）目标不明

学校与家长并没有清楚地了解家长委员会的作用是什么。一些学校家长委员会形同虚设，主要原因是家长委员会会长不清楚自己的作用，也不知道家长委员会要做些什么。有的学校就连校长也不知道家长委员会是干什么的，反正上级要求成立就成立。

（2）职责不清

《指导意见》规定家长委员会主要履行三大职责：参与学校管理，参与教育工作，沟通学校与家庭。但是，一些学校没有建立相应的具体落实制度，学校在决策、教育、沟通家校等方面将家长委员会排除在外，反倒将学校某些涉嫌违规的事务委托给家长委员会（比如乱收费）以规避风险。

（3）工作不力

家长委员会工作需要有人去落实，开展工作需要各种人才，因为参与学校管理也罢，教育学生也罢，沟通家校也罢，都需要工作人员具有一定的能力。开展家长委员会工作的人需要有两颗心：一颗是公益之心，一颗是智慧之心。《指导意见》规定了家长委员会成员应具备的素质：端正教育观念，运用科学教育的方法，热衷于学校教育工作，充满奉献精神，具有一定组织管理与协调能力，善于倾听，处事公正，有责任心，能够获得众多家长的信任。然而在现实中，很难发现这类家长。

（4）活力不足

以上问题导致许多家长委员会的活力不够，大家信心不足，自我效能感不高。

导致家长委员会运行过程中存在问题的原因复杂，上面所说的现象其实包含了内在的原因。家长委员会在履行职责、完成使命时面临着许多掣肘，集中体现在目标与责任、功能和能力之间难以克服的矛盾。一方面，目标与责任之间存在偏离。家长委员会的主要目的是促进现代学校制度的建立，推动学校实现民主管理、接受社会监督。但在具体工作职责安排中，家长委员会主要还是负责与教育教学、家校沟通等相关的工作，家长委员会似乎成为学校的一个部门，许多学校喜欢家长委员会主要是看到了这方面的作用。比如，"沟通家校"，其目的是加强家庭与学校的联系、认同、包容；"参与教育工作"，就是要发挥家长的专业优势、资源优势、自我教育优势，开展或协助学校开展学校教育、校外教育、家长教育。这项工作虽然重要，也在家长委员会的工作范围之内，但显然不在民主监督职责范围之内，不属于主业。因此，校长必须明白，家长委员会以维护学生家长知情权、参与权、监督权、评议权为主要职能，对于学校的工作计划以及重大决策，尤其对涉及学生与家长切身利益的问题，提出了自己的看法与建议，为学校的教育教学与管理工作提供支持并给予积极合作，监督学校实施教育教学活动，协助学校完善工作，而非直接服务于学校的教育和教学。另一方面，功能与实现功能的能力之间存在矛盾。家长委员会要履行上述职责，必须有一定的资源配置，尤其是人力资源。《指导意见》对此没有具体要求，也没有给出具体办法，但这个问题是家长委员会功能能否得以发挥的关键。

很明显，当家长委员会执行监督学校管理和教育的工作时，首先面临着两个权利：主体之间的张力，二者有各自的利益诉求并在职责范围、权利边界上难以明晰；与此同时，家长委员会行使其教育职能，也会同学校的专业性角度发生冲突。这些冲突互相纠缠，导致家长委员会在建设方面出现问题。

中小学要逐步建立并完善班级、学校各级家长委员会。家长委员会的任务是参加教育、参与并监督学校的管理工作、增进学校和家庭之间的交流与合作等，成员是家长民主选举的。学校应提供必要的条件，保障家长委员会对学校、教师教育教学、管理活动进行监督，提出意见和建议。学校要定期与家长委员会成员进行交流，听取意见。学校开展购买校服、定购教辅材料，举办活动、代收费用这种直接关系学生个体利益的事件时，通常都会有学校或教师的意见与方案计划，并作相应解释，递交家长委员会，家长委员会作出决定。在条件成熟时，可在区域内建立家长委员会联合会，拓展家长在办学活动及管理行为中的知情权、参与权与监督权。

（四）提升家长委员会效能的应有之道

1.提升家长委员会权能

促进家长委员会工作，改变其流于形式的问题，就要赋予其权能。赋权是坚持家长委员会为学校领导下的群众性组织这个根本属性的具体表现，是家长参与学校的具体要求。

赋权是一种参与的过程，是将决策的责任和资源控制权授予或转移到那些即将受益的人手中，这意味着被赋权的人有很大程度的自主权和独立性，从而增强对影响生活的资源和决策的支配能力。家长委员会组建和履行职能的过程需要赋权才能实现，这个权力主要有两个来源：一是来源于教育行政部门的行政管理权，如教育部 2012 年颁布《指导意见》，其实就是一个赋权的过程；二是来源于学校和校长的领导权，家长委员会要想落地，必须得到学校行政权力的支持。赋权于家长委员会，不是学校将不想管的事务交给家长委员会去管，以节省管理成本，而是通过赋权使家长委员会有更大的主观能动性和自由裁量权，从而保持一定的独立性和自由度。

赋权包括两项主要工作：一是给予权力，使之能够在某些方面获取资源，自由履行职能，这就是自由度或自主权问题；二是激发活力，推进被赋权者开展某些活动，这也是激发动力和能力。授权给家长委员会，是学校行使领导权的需要，由学校牵头，请家长委员会配合，不能简单地理解为家长委员会执行校令，而是以一种固定的制度来保证它的工作。赋权的过程是一种契约过程，也是动态管理的过程。当家长委员会不能履行或者没有履行好职能时，学校有撤销的权力。当然，赋权更多的是激活被赋权者内在履行职责能力的问题，因此培训家长委员会的组成人员也是赋权的应有之义。赋权，除了让家长委员会实实在在地拥有权力之外，还要帮助其加强自身建设，提升履职能力，实实在在地行使权力，充分实现有事可为，有事能为，责权统一。

2. 加强家长委员会的自身建设

赋权的过程也是促进家长委员会"组织转型"的过程。第一，提高家长委员会代表确认资格与条件，完善家长委员会成立途径，完成从"指定委派制"到"公推公选制"的转变，从片面性"权贵俱乐部"到普遍性"代表委员会"转变。第二，要明确组织内部关系，强化内部民主管理。一般而言，学校家长委员会由班级和校级两级构成，在比较大的学校中间还有年级家长委员会，三者应呈递进式层级关系。校级家长委员会是全校家长、学生利益的代表者，服务于整个学校；班级家长委员会是全班家长、学生利益的代表者，是班级的服务者。为加强学校家长委员会的工作，确保他们行使权利，还可以结合本地区实际，成立涵盖本地区所有学校的区域性家长委员会，吸收社区及社会力量。成立区域家长委员会应按需要、条件，制定制度，确保家长委员会发挥实质作用。第三，强化功能组织建设。家长委员会履职主要通过其代表和委员实现，为了更好地履职，需要做好两方面的工作：一是与教师志愿者相结合，有的学校在家长委员会的基础上成立了"家长教师协会"（如北京十一学校）"家校协力会"（如上海包玉刚实验学校）等机构，就是将教师的专业化水平和家长的志愿精神相结合，以便更好地履职；二是功能化的家长志愿者组织建设，例如，江西省就是在家长委员会的基础上成立了"专业工作组"，即"在自愿基础上根据家长的专长和资源优势组成"各种专业机构，专业工作组由组长召集，在学校配合下开展工作。

无论是功能小组的设立，还是家长教师委员会（或协会）的组建，都隐藏着这样一个结论：家长委员会要想履行好职责，就必须加强功能建设。我国虽然许多地方都有家长委员会，但形同虚设的比比皆是，根本原因就是没有制定一系列确保组织实现功能的制度。功能小组的探索意味着要将家长资源合并，家长教师协会的建立意味着要将家长力量与教师的专业力量相结合。上海市研究表明，多数家长组织机构的成员是都是家长，其中包玉刚实验学校家长组织非常独特，这个家长组织并没有被称为"家长委员会"，而是"家校协力会"，就其命名而言，它更契合家长组织的设立意义。家校协力会的成员也同一般的家长委员会有所不同，不只是家长代表，还包括教师代表，校长亦为固定的一员。这类会员构成，其实拉近家长和教师、学校间距离，更便于家校之间在有关问题上的交流和协调。美国学校、家庭、社区合作项目的相关经验表明，成功的家校伙伴关系得益于三个重要因素：一是行动小组（由教师、家长、专家、高年级学生等组成），二是六大合育类型的行动框架，三是指导行动小组活动的助手。这些经验告诉我们，家长委员会在建设过程中首先要考虑如何实现既定功能。

第三节　班主任在家校合作中的工作内容

家庭教育同学校教育有机结合，教育效果最佳。家校合作的具体做法包括：注重学校的发展要求，配合学校教育，支持孩子积极参加学校举办的各种活动，遵守学校规定。家长若有关于班主任、学校工作的看法，可以直接提出，而不应该在孩子面前抱怨，表明对学校工作的意见，这样不利于教师在孩子心中树立威信。教师没有威信，将很难开展教育教学工作。这种威信固然首先要通过教师本人的一言一行在学生间建立，同样也需要家长配合。

正确的教育方法是鼓励。对孩子的教育需要更多的鼓励，应消除打骂教育，尊重孩子的想法，支持民主，民主型家庭更易培养创造型孩子。打骂孩子，伤的不只是孩子的身体，还有孩子的心灵，影响孩子身心健康发展。

要注重孩子学习兴趣的培养，这是有长远意义的措施。采用题海战术、加大作业量等方法来提高孩子学习成绩并不科学，笔者并不主张父母在孩子已做完学校作业后，继续完成家庭作业。我们的精力应该放在激发孩子学习兴趣上，这个问题的重要性远远超过孩子们取得一个好成绩。

家长要严格要求孩子，不能娇生惯养，不可由于经济条件优越，就任由孩子随心所欲，家长应给予孩子正确的引导。家长应该明白，真正的父爱、母爱，是要让孩子懂得感恩，要培养孩子"为他人着想"的思想。这些是身心健康的重要因素，同样也反映出孩子健全的人格。我们必须锻炼孩子的吃苦精神，不然将一事无成。

一、班级教师在家校合作中的角色是

学校在家校合作中处于主导地位是因为它能明确认识到家校合作的总体目的，即让家庭教育和学校教育成为一致的过程，使家庭支持学校教育，使学校帮助家长解决其在教育子女过程中遇到的各种问题。基于此，班级教师在家校合作中的角色有以下几种：

1. 家庭教育的指导者

要搞好家庭教育，必须先搞好父母教育工作。美国心理学家哈里森说："帮助儿童的最佳途径是帮助父母。"家长教育的本质，是要做到对父母进行有效引导。班级教师，作为职业教育工作者，和父母有着相同的目标——营造一个孩子健康成长的环境，能够给家长以相应的引导和帮助。

对于特需儿童的家长来说，班级教师在实际教学工作和学生管理工作中与学生接触较多，比家长能更深入细致地了解特需儿童的发展变化。班级教师往往拥有教育学或者心理学等专业知识，在长期的工作中又积累了丰富的识别学生问题、应对不同阶段问题，解决教育问题的经验，因此班级教师（特别是班主任）可以通过家校合作将有利于特需学生发展的教育知识、理念、技能传递给家长，帮助家长重新认识孩子，协助家长在家庭作出相应的教育调整，为特需儿童的发展提供来自家庭和学校的双重支持。

2. 特需学生发展的指导者

班级教师是特需学生学习生涯的引路人，是专业知识的传授者。班级教师可以帮助学生解决专业知识的问题。比如：对学业困难的学生来说，如果教师能提供个别化的学业辅导或者在教学中进行个别化调整，将很大程度地提高特需学生的学业成绩。

班级教师不仅仅给学生传授知识，还要在学生需要的时候给予适当的引导、点拨和鼓励。从现实意义上说，班级教师还是特需学生思想上的引路人。在正确理解特需学生问题的基础上，班级教师将教育引导贯穿于特需学生的学习生活并施以潜移默化的影响。比如：对于有问题行为的特需学生，教师需要了解学生的特点和问题行为背后的原因并及时进行干预和指导。特需学生在发展的过程中有了教师的指导和守护，就有了顺利过渡的保障，就有了积极向上的持续动力。

3. 家校关系的协调者

如果缺乏对家校合作活动的有效协调与管理，家校合作就无法实现连续性。班级教师可以利用家长的才能开发各具特色的家校合作活动，但要使各活动在时间上保持连续性、在效果上保持强化和促进则需要有效协调与管理，那么班主任作为班级的管理者则对家校关系有着重要的影响。

在家校合作中家长和教师都可能会存在一些错误的认知。比如有的家长可能认为教育孩子是学校的事情，将孩子的学习和思想上的教育工作推给学校和教师，如果孩子出了问题就归咎于教师和学校；有些教师则认为家长不懂如何教育孩子，时常给自己找麻烦，对家长提出的问题置之不理。随着时间的推移双方因理解出现偏差，会在实践中产生矛盾，继而影响到学生的发展。因此，我们要加强家庭与学校的了解，协调好家庭与学校的联系。目前学校建立了多种家校沟通的渠道，如微信群、家校联络簿、家庭委会等。学校还组织了家校沟通的活动，如教师家访、家长访校、家长学校等。

各种家校合作的形式的确让家长增加对孩子和学校的理解，但如何协调好家校关系争取到家长的支持，还需要班级教师在家校活动中多主动了解家长的需要，帮助家长解决家庭教育中的困难，同时将学校的立场解释给家长，以获得家长的理解与配合。

二、怎样接待家长来访

家长主动到学校来和教师联系，目的当然是希望详细了解自己孩子的情况。作为教师，无论多忙，也要热情接待，在反映学生情况时，一定要先说优点，说学生的可爱之处。对于学生身上存在的问题，教师要和家长一起研究如何帮助其改正，而不是"告状"，还可以跟家长了解学生在家的表现，特别是好的表现，然后有机会就在班上表扬。

三、家访的目的

家访目的：第一，向父母报告学生最近的在校情况；第二，希望了解学生在家庭中的学习环境、生活环境；第三，了解父母对教育的看法以及教育方法，与家长沟通学生教育经验，向家长传播科学合理的教育方法；第四，听取家长对学校、教师工作的意见；第五，了解学生在家的日常行为习惯以及好的表现。

四、怎样向家长反映学生的问题

不管学生有什么问题，身为教师，都应该平和地与父母交谈，不带情绪，也不推卸责任。学生出现错误，教师要及时引导改正，首先要肯定学生的优点与进步。

反映学生存在的问题，必须实事求是，而不能言过其实，思想感情上要与父母保持统一，一起探讨解决问题的方式。有位学生学习成绩很好，但一直与同学之间有矛盾，基本上每天都有学生告发他，没有人想和他坐在一起。但不管他的分数如何，学生都不赞成他评三好学生。当这位同学的家长向班主任了解自己孩子的情况时，班主任可以这样说："他上课时思维是很活跃的，思考问题比较到位，发言很踊跃，对知识掌握得比较灵活。但是我就不明白，他和同学的关系为什么总是处理不好。"

随即可以问询家长："您觉得孩子的问题出在哪里？"

"实话告诉您吧，我们经常跟同学了解他的情况，一听他在学校的表现，我们就揍他，几乎天天揍！"

听到家长这样的回答，班主任可以这样说："听您这么一说，我心里特别难受，您天天打，打好了吗？没有！那就别打！常挨打的孩子肯定心理上有障碍，他会到同学中去发泄，这也许就是他与同学关系不正常的原因。"

这样处理，家长能接受，那位学生跟同学的关系也会逐渐发生转变。

五、教师不应该接受家长送的礼物

家长送给教师礼物，目的各有不同。有的家长是觉得教师为自己的孩子付出了很多，孩子进步很大，送点礼物表示感谢；有的家长是希望教师对自己的孩子多关照一些；有的家长是希望通过这种方法让自己的孩子当上干部或者三好学生……

大家知道，教师对孩子们负责任、关注每个孩子的成长是应该的，没想着让家长回报；至于孩子能不能当上干部和三好学生，那是有标准的，队干部是队员们选举的，不够条件的教师硬让当，其他学生是有看法的，他的看法又会回家告诉家长，教师的威信就没有了。因为做教师很重要的一条是公正，是对所有的孩子一视同仁。

六、怎样对待父母离异的孩子

教师对孩子的爱要爱在孩子最需要关怀的地方，这是孩子的精神支柱。对父母离异的孩子，我们要给予无微不至的关爱。他们经受着普通孩子无法忍受的精神上的痛苦与煎熬。在他们的童年生活中，家庭是一个重要因素。家庭破裂，极大地让孩子的精神世界受到伤害，这样的经历对于男孩子来说更是如此。这类家庭的孩子，很难信任他人，容易产生自卑或者是和别人作对等心理障碍，难以和伙伴们正常交往；有些孩子变得少言寡语，封闭自己的情感世界。如果父母都是离异者，那么孩子的心理问题就更难解决了。但父母离异的子女愈来愈多，有的班可达到六分之一。

七、怎样对待生活困难的孩子

如今的城市，独生子女多，家庭一般较为殷实。仅有个别下岗职工子女家庭较为困难，但难度和以往不一样，他们只是家庭经济紧张。对于这类孩子，关键在于心灵的激励。教师要引导学生不歧视这类家庭的同学，告诉学生，能不能取得好成绩不取决于父母是否有钱，而是要看自己的学习态度，是否勤奋努力，上进好学。教师也要帮助家长解决一些实际困难，让他们有更多时间来关心下一代。教师对孩子要有针对性地引导，引导学生体恤父母的困难，不与同学攀比，要努力学习本领，要有志气。

参考文献

[1] 梁钊华.班级管理与班主任工作的理论与实践 [M].成都：西南交通大学出版社，2015.

[2] 宗书芹.探索现代班级教育与管理 [M].吉林人民出版社，2021.

[3] 优才教育研究院.班主任工作的策略与方法 [M].北京：北京教育出版社，2013.

[4] 胡小萍，叶存洪.班主任工作与班级管理艺术 [M].南昌：江西高校出版社，2007.

[5] 赵福江.更好的班级管理智慧 [M].上海：上海教育出版社，2021.

[6] 关月玲.班主任的工作心得 [M].咸阳：西北农林科技大学出版社，2014.

[7] 汪昌华.班主任与班级文化建设 [M].芜湖：安徽师范大学出版社，2014.

[8] 梁华.班主任工作指导手册 [M].长春：吉林大学出版社，2009.

[9] 张剑平，吴薇薇，卢颖.班主任成长妙招 [M].广州：广东人民出版社，2013.

[10] 张甲昌.系统的家庭教育学 [M].北京：知识产权出版社，2020.

[11] 赵童.浅谈初中班主任管理工作的有效性 [J].科学咨询（教育科研），2020.

[12] 石翠萍.以自主管理为本以团队建设为由——摭谈人文关怀下初中班集体的教育与管理工作 [J].华夏教师，2020.

[13] 白宝义，苗美玲.浅谈提高新时期初中班主任能力的措施建议 [J].才智，2020.

[14] 廖克军.初中阶段如何引导学生进行自治管理 [J].科学咨询（科技·管理），2018.

[15] 张淇茹，孙明娟.初中班级管理的问题及策略 [J].黑龙江教育（理论与实践），2018.

[16] 何山东.初中班级管理工作技巧 [J].科学咨询（教育科研），2018.

[17] 苏晨晔.浅谈初中班主任的管理艺术 [J].科学大众（科学教育），2017.

[18] 崔丽丽 . 初中班主任班级管理方法探究 [J]. 西部素质教育，2015.

[19] 李飞 . 如何做好初中班级管理工作 [J]. 科学咨询（教育科研），2015.

[20] 司光河，李逢丽 . 班级管理的有效方法分析 [J]. 赤子（上中旬），2015.

[21] 杨芳 . 初中班主任班级日常管理问题研究 [D]. 延边：延边大学，2022.

[22] 赵加慧 . 初中班级管理效能提升策略研究 [D]. 哈尔滨：哈尔滨师范大学，2022.

[23] 赵凤 . 初中班主任班级情绪管理策略 [D]. 哈尔滨：黑龙江大学，2021.

[24] 李倩 . 初中班主任工作策略研究 [D]. 重庆：西南大学，2020.

[25] 贝朝廷 . 初中班级自主管理的问题与对策 [D]. 西宁：青海师范大学，2018.

[26] 郑丽波 . 初中班主任班级管理能力及其对班级表现的影响 [D]. 苏州：苏州大学，2017.

[27] 李凤香 . 初中班主任日常管理生活研究 [D]. 青岛：青岛大学，2017.

[28] 朱骊 . 初中班主任班级管理工作中的家校合作现状调查及分析 [D]. 成都：四川师范大学，2017.

[29] 孟婷玉 . 初中问题班级管理中的班主任行为策略研究 [D]. 哈尔滨：黑龙江大学，2016.

[30] 姚莉 . 人本主义视野下的初中班主任班级管理研究 [D]. 武汉：湖北大学，2015.